teurs importants pour le développement. Le nom complet de la ville Diuodurum Mediomatricorum (Diuodurum signifiant «enclos divin» en celte) exprime clairement la fonction de Metz au sein du territoire.

Ce rôle administratif et religieux est renforcé par la géographie de la circulation. Déjà important carrefour fluvial, la cité devient un grand carrefour routier au moment où Agrippa, gendre d'Auguste, organise un réseau hiérarchisé formé de grands axes, équipés de relais et de gîtes traversant l'Empire. Celui qui, à partir de Lyon, gagne Trèves et au-delà le Rhin, est doté à partir de Metz, d'une branche sur chaque rive de la Moselle ; celui qui relie Reims, capitale provinciale, à Strasbourg passe par Verdun, Metz, Marsal, Sarrebourg et Saverne ; un troisième, à partir de Metz rejoint Mayence par Sarrebruck. Ces grandes routes sont destinées avant tout à la circulation du courrier officiel et des troupes. Si des armées passent par Metz, elles n'y tiennent pas garnison. La ville n'est donc pas plus peuplée de soldats romains que de fonctionnaires romains !

En effet, dans le système défensif que Rome met en place lorsqu'elle doit renoncer, à la fin du règne d'Auguste, à s'étendre jusqu'à l'Elbe, Metz devient une ville d'arrière. La frontière, fixée au Rhin, correspond à un ensemble de fortins, de forts et de camps qui constituent le limes. Les troupes qui y stationnent en permanence, par exemple à Bonn, à Strasbourg, représentent un marché régulier, un puissant stimulant économique pour les Médiomatriques. Même si leur territoire n'atteint plus le versant alsacien des Vosges, il reste vaste, doté de bons terroirs, irrigué par plusieurs vallées méridiennes et riches de ressources en sel, en fer, en bois et en pierres, amenées à jouer un si grand rôle dans la construction.

Dans ce contexte favorable la ville grandit rapidement ; mais le paysage urbain ne

PANNEAU DE MOSAÏQUE, DÉTAIL (DÉBUT IIᴱ S.) - STÈLE DITE DU PAIEMENT DES IMPÔTS (IIᴱ - IIIᴱ S.), MUSÉES DE METZ
AUTEL À MITHRA, DÉTAIL - SARCOPHAGE MARBRE, DÉTAIL (IVᴱ S.) - STÈLE FUNÉRAIRE, DÉTAIL (IIᴱ - IIIᴱ S.), MUSÉES DE METZ

prend un caractère «romain» qu'après les années 70 de notre ère. De cette première phase d'expansion, entre la fin du Ier siècle et le milieu du IIe, peu de vestiges subsistent dans la topographie urbaine actuelle. Dans le bâtiment les techniques gauloises ont continué à recourir à des matériaux périssables, le bois, la terre sous forme de torchis ou de briques. On peut penser que vers 50 ap. J.-C. Metz avait un aspect que notre imaginaire qualifie de «médiéval», avec des maisons à pans de bois. L'essor a été rapide, puisque la ville dépasse la colline Sainte-Croix et gagne le Pontiffroy, l'Arsenal, Outre-Seille où travaille un potier, un autre (Casicos) étant installé au sud. Si l'implantation des quartiers n'obéit certainement pas à un quadrillage systématique, le réseau urbain est néanmoins structuré par les grands axes routiers. La mémoire s'en conserve encore dans divers tracés de la voirie. Une des principales artères du centre ville, la rue Serpenoise, correspond grosso modo à la traversée de Metz par l'axe Lyon-Trèves. Au Pontiffroy, c'est la sortie de la route Metz-Trèves par la rive gauche de la Moselle qui a régulé les premières implantations.

Mais, en 69 ap. J.-C., Metz, grande ville de terre et de bois, n'échappe pas aux effets dévastateurs de la crise qui secoue l'Empire et oppose les candidats à la succession de Néron. L'historien latin Tacite nous apprend que des troupes rhénanes en route vers l'Italie massacrèrent quatre mille habitants. Pillages et destructions sont-ils à l'origine de la phase de grandes reconstructions ? Faut-il imputer celle-ci à la politique générale de la dynastie flavienne, à un essor économique provoqué par l'organisation entre le Rhin et le Danube de la zone des Champs Décumates ? L'un n'exclut pas l'autre. Il faut également tenir compte d'une romanisation de

JUPITER CAVALIER TERRASSANT UN MONSTRE, MUSÉES DE METZ
STÈLE DITE DE LA FAMILLE, DÉTAIL (IIe - IIIe S.), MUSÉES DE METZ

plus en plus poussée des élites. Acquises aux goûts, aux modèles, aux produits venus de Rome, elles font appel à des tailleurs de pierre, à des sculpteurs, à des mosaïstes, à des stucateurs. Ce sont elles qui, par des «largesses», assument les frais des édifices collectifs. Elles changent ainsi la physionomie de la ville.

On ne peut pratiquement rien voir, ni même dire, des bâtiments civiques : Curie où siège le Conseil, basilique où se traitent les affaires judiciaires et commerciales, temples et autels qui entouraient la place centrale, le Forum, situé à proximité de la place Saint-Jacques et de la place de la Cathédrale actuelles. En revanche, les édifices dédiés à des loisirs de type romain, les jeux de l'arène et le bain, sont moins mal connus. Au Sablon, à la périphérie sud et à 250 m de la Seille se dressaient sur trois niveaux les arcades, rehaussées de colonnes, du grand amphithéâtre. C'était un des quatre plus grands de Gaule, avec ceux de Poitiers, Autun et Tours. Il pouvait accueillir sur ses gradins jusqu'à 25 000 spectateurs passionnés par les combats de gladiateurs et les chasses d'animaux. Les maigres vestiges qui en subsistaient, après

avoir été mis au jour en 1902-1903, ont été recouverts par la gare de marchandises. Guillaume II était pourtant venu sur les lieux en grande pompe ! Au contraire, les vestiges des grands thermes du nord, fouillés en 1932, abritent les collections archéologiques du Musée. Ce grand complexe thermal (100 x 80 m) permet au baigneur de suivre un parcours hygiénique, en allant du bain tiède au bain chaud, puis au bain froid en application du principe de la «douche écossaise». Il comprend aussi des espaces de soins, de massages, des boutiques, ensemble pour se détendre et se rencontrer dans un cadre luxueux. Les placages de marbre des baignoires encastrées dans des niches sont là pour le rappeler, tout comme la cuve baptismale en porphyre rouge placée à la cathédrale. Elle proviendrait de ces grands thermes. Les murs à parement de petits moellons calcaires et à chaînage de brique, un tronçon d'égout collecteur voûté éclairent l'art de bâtir romain. C'est toutefois hors de Metz que les arches encore debout du pont-aqueduc l'illustrent de façon encore plus saisissante. Au début du Ier siècle, les thermes nécessitant de

l'eau courante et pérenne, les Romains n'hésitent pas à aller la chercher à 22 km, à Gorze. Le parcours est essentiellement souterrain, mais la traversée de la Moselle, entre Ars et Jouy emprunte un pont à deux canalisations, long de 1200 m. Il repose sur 110 à 120 arcades en demi-cintre ; il n'en reste que 7 à Ars et 16 à Jouy. Au sud de la ville, il aboutit à une fontaine décorée, un nymphée. Les maisons particulières de l'élite, qui peuvent être raccordées directement, se trouvent au centre ville.

Ces riches demeures, telle celle de l'Arsenal, s'organisent autour d'une grande cour à bassin entourée de portiques ; elles disposent de pièces chauffées par hypocauste et de pavements mosaïqués. Elles couvrent de grandes surfaces (environ 1 400 m² pour celle de l'Arsenal, construite en pierre au Ier siècle, remplaçant trois

Scène de repas, détail (IIᵉ s.), Musées de Metz - Baptistère en porphyre rouge, cathédrale de Metz
Stèle dite de la famille (IIᵉ - IIIᵉ s.), Musées de Metz

maisons mitoyennes en matériaux légers qui dataient de 60-80). Les maisons plus modestes, dont les élévations restent en bois et en torchis, doivent se glisser entre ces maisons des élites. Seuls quelques mosaïques et enduits peints retrouvés dans la ville laissent entrevoir la polychromie du décor quotidien : le pavement aux gladiateurs, celui aux oiseaux et aux canthares déposés au Musée.

Ce qu'on retrouve avant tout au Musée, à travers des objets quotidiens, à travers des croyances, c'est la population de Metz, tout au moins celle ayant eu les moyens de recourir à la pierre pour perpétuer le souvenir de ses offrandes aux dieux, la mémoire de sa propre existence. On découvre ainsi une population romanisée certes, mais faite essentiellement d'autochtones qui restent attachés à des traditions et usages celtiques. De grandes stèles servent à signaler les sépultures dans les grandes nécropoles implantées à l'extérieur de ville, ainsi au Sablon, conformément à la loi romaine. A travers les effigies des défunts et de leurs épouses, des scènes de repas, des scènes de métier, nous rencontrons des acteurs économiques de la cité, investisseurs, artisans, grands commerçants ou boutiquiers. Cette documentation de pierre nous apprend aussi que, s'ils adoptent le latin dans leurs épitaphes et prennent des noms parfois attestés en Italie (Augusta, Otacilia), ils n'hésitent pas à garder des noms gaulois (Cintugnatus,

Bellos) ou à donner une apparence latine à un nom gaulois. S'ils portent un chaud vêtement régional, la pénule, ils le drapent savamment, ce qui n'est pas sans rappeler le drapé si complexe de la toge ! Certes nous ne connaissons pas les habitants les plus pauvres, mais seulement ceux qui pouvaient se faire ériger un monument. Les images sont souvent stéréotypées mais elles font entrer dans une culture

VICTOIRE (DÉBUT IIᵉ S.), MUSÉES DE METZ
MOSAÏQUE AUX GLADIATEURS, DÉTAIL (IIᵉ S.) - STÈLE FUNÉRAIRE (IIᵉ - IIIᵉ S.), MUSÉES DE METZ

mixte, gallo-romaine. Il en va de même avec les monuments consacrés aux dieux. Des dieux et des déesses aux noms gaulois (Sucellus, Nantosuelta, Epona, Rosmerta, Sirona) voisinent avec des divinités du panthéon romain (Mars, Mercure, Junon, la Victoire) ; Jupiter prend l'apparence d'un cavalier barbu terrassant un monstre anguipède, et cache peut-être Taranis, grand dieu celte, tandis que les divinités orientales (Isis à Metz, Mithra à Sarrebourg) ne sont pas inconnues.

Après deux siècles de paix, Metz n'échappe pas aux troubles et aux violences qui affectent le Nord–Est. L'Empire, affaibli par les incursions de populations germaniques et miné par les crises de succession, connaît de graves difficultés à partir des années 250, avant d'être partagé en 395. L'Empire d'Occident disparaît en 476. Le pouvoir romain procède, face à ses difficultés, à des réformes administratives, pour mieux contrôler et renforcer la pression fiscale. Metz reste capitale des Mé-

Sarcophage, offrande à Mercure, détail, Musées de Metz
Urne funéraire en onyx d'origine égyptienne, Musées de Metz

diomatriques, mais son territoire est réduit puisque la partie orientale forme l'essentiel d'une nouvelle cité, le Verdunois. Rendue vulnérable par sa position de carrefour à l'arrière de la frontière, la ville souffre du passage des troupes, des raids et incursions étrangers ; mais elle est alors plus proche de la capitale provinciale, Trèves qui gagne ce titre à la suite des réformes de la fin du IIe siècle et qui devient même au IVe siècle résidence impériale, pour un temps. La proximité de la cour est favorable au maintien d'une certaine vitalité économique à Metz.

C'est pendant cette période que le christianisme, venu par l'axe du Rhône et de la Saône, gagne Metz. Vers 275, Clément installe un premier lieu de culte discret (car la nouvelle religion reste persécutée jusqu'en 313) dans les ruines du grand amphithéâtre. Cette époque est également marquée, outre le changement de nom, Diuodurum devenant Mettis, par une mutation du paysage urbain due à l'érection d'une muraille d'environ 3 km. Elle enfermait environ 70 hectares en laissant en dehors le Pontiffroy, Outre-Seille, le Sablon : des parties de mur sont visibles à l'église Saint-Martin. Cette enceinte prend appui à l'ouest du côté de la Moselle sur un nouvel édifice de spectacle. Il ne peut accueillir que 5 000 spectateurs ; des tronçons de murs apparaissent dans des caves de la rue Sainte-Marie. Vers 370-400 est édifié au sud un grand ensemble thermal auquel est accolée une palestre,

faite d'une grande salle rectangulaire prolongée par une abside qui doit abriter des activités sportives. Cette palestre, plusieurs fois remaniée, a servi à installer une église lors de la fondation du monastère féminin de Saint-Pierre-aux-Nonnains

entre 595 et 612. Son emplacement donne une idée de l'extension de la ville encore à la fin du IVe siècle et laisse parfaitement voir sur 6 à 9 m de hauteur le mur romain où deux rangs de briques alternent régulièrement avec cinq rangs de moellons. On le voit, même dans cette période troublée, on ne renonce pas à une certaine prodigalité lapidaire, signe de disponibilités financières.

L'antique Diuodurum aurait été, totalement ou presque, ravagée par Attila en 451. Il est cependant douteux que la ville ait été aussi détruite qu'on l'a longtemps raconté. Seuls peut-être, les faubourgs, actifs et peuplés, mais établis à quelque distance du mur d'enceinte, eurent-ils à souffrir du passage des Huns. Les fouilles menées sur le site du grand amphithéâtre montrent que l'activité, entre le IVe et le VIe siècle, n'y a jamais été longtemps interrompue.

AQUEDUC ROMAIN DE JOUY-AUX-ARCHES
SOMMET DE LA COLONNE DE MERTEN, LE CAVALIER À L'ANGUIPÈDE (IIIe S.), MUSÉES DE METZ

la capitale oubliée

Relativement préservée par
les guerres de la fin de l'Antiquité,
en 561, Metz devient capitale de
l'Austrasie, berceau de la dynastie
carolingienne. Le rôle de l'Eglise
s'y affirme avec des personnalités comme
Arnoud ou Chrodegand. Alors qu'au IXe siècle
le système féodal s'installe en Lorraine, la cité
évolue pour devenir une ville libre dominée
par son évêque.

EXCELSA VO...

Les régions de la Moselle semblent s'être ralliées à Clovis. En tout cas, Metz, au contraire de Verdun, n'a eu à subir ni siège ni destruction quand, en 514, elle se trouve dans le royaume de Reims échu à Thierry. Ses successeurs Théodebert et Théodebald y séjournent à plusieurs reprises, mais il faut attendre 561, et un nouveau partage de la Gaule franque par les quatre petits-fils de Clovis, pour que Sigebert fasse de Metz la capitale d'un vaste territoire qui porte pour la première fois le nom d'Austrasie et s'étend de la Champagne à la Bavière, de la Frise à la Bourgogne. C'est ici qu'ont lieu ses noces avec la princesse wisigothe Brunehaut (565).

L'assassinat du roi, dix ans plus tard, ne met pas en péril le royaume animé par une puissante aristocratie qui dès 623 sait faire reconnaître son particularisme et obtient d'être gouvernée par Dagobert. Celui-ci apprend son métier de roi sous la férule d'Arnoul, évêque de Metz, et de Pépin dit l'Ancien, maire du palais. Ces deux puissants personnages, dominant les régions de la Meuse et de la Moselle, avaient aidé à réunifier le royaume franc entre les mains de Clotaire II. Pour sceller leur alliance, le fils d'Arnoul avait épousé la fille de Pépin. Ils sont à l'origine de la dynastie carolingienne, leur descendant sera Charlemagne et c'est dans l'abbaye messine de Saint-Arnoul que seront enterrés les princes et princesses de la famille carolingienne. La cité est alors une des capitales intellectuelles et artistiques du monde franc. C'est notamment ici que Chrodegand,

évêque-archevêque de Metz, élabore la réforme de l'église franque et instaure un nouveau chant inspiré de ce qui se pratique à Rome, par la suite appelé chant grégorien. Dépossédé par ses fils rebelles, Louis le Pieux reçoit une seconde fois la couronne impériale à Metz, dont l'évêque est Drogon, son demi frère. C'est ici également qu'il est enterré, aux côtés de sa mère, la reine Hildegarde.

Le traité de Verdun, en 843, partage une nouvelle fois l'empire. Metz se retrouve en Francia Media, part de l'aîné, Lothaire I que, sous son successeur Lothaire II, on prit l'habitude de désigner sous le nom de royaume de Lothaire (Lotharii regnum, Lotharingie) et qui deviendra la Lorraine. En 869, à la mort de Lothaire, Charles le Chauve vient en toute hâte se faire couronner à Metz, tenue pour tête du royaume. Un an plus tard, au traité de Meersen, Charles et Louis se partagent le

royaume de Lothaire. Dès lors, et pendant près de sept siècles, Metz relève du royaume de Germanie.

Au milieu du IXe siècle, alors que, dans le Saint Empire, apparaît la nouvelle dynastie des Ottoniens, la Lorraine féodale se met en place. A côté, mais aussi contre le pouvoir des duchés héréditaires, les empereurs suscitent les principautés épiscopales de Metz, Toul et Verdun. Pendant deux siècles, la ville est gouvernée par son évêque, personnage important, souvent familier ou parent de l'empereur. Sa puissance politique rejaillit naturellement sur la société, le commerce, les arts. A la fin du Xe siècle, si l'Eglise de Metz n'a pas conservé ses possessions d'Aquitaine, la seigneurie épiscopale s'étend d'Epinal à Saint-Trond près de Liège, des rives de

la Meuse aux cols des Vosges. Ces immenses domaines concentrent d'importantes richesses dans la cité. Elle s'enrichit par l'exportation des céréales, du vin,
du sel. A côté de la cathédrale, où officie le plus ancien chapitre canonial

d'Occident, six grandes abbayes d'hommes, auxquels il faut ajouter celle de
Gorze étroitement liée à la cité, trois de
femmes, deux collégiales, des prieurés,
de nombreuses maisons d'abbayes
champenoises et bourguignonnes, ainsi
qu'une trentaine d'églises paroissiales,
témoignent de la vitalité et de la richesse
de la cité.

On ne sait rien de précis quant à l'aspect de la ville qui se nomme désormais
Mettis, puis Mets. Il est certain qu'elle
est, pendant toute cette période, la
seule grande cité dans un vaste territoire qui s'étend de Reims à Strasbourg,
de Besançon à Cologne. Protégée, depuis
la fin du IIe siècle, par un mur de plus
de 3 500 m de long, c'est une des plus
vastes de la Gaule avec près de 70 ha
enclos. Il faut également compter avec
les faubourgs dont la population aug-

mente comme en témoigne l'apparition de nouvelles églises. Les grands monuments antiques, dont plusieurs existent encore au milieu du XVIIe siècle, sont
vraisemblablement plus nombreux encore au début du Moyen Age ; c'est là que
s'installent les églises et communautés religieuses, ainsi que les familles de
l'aristocratie qui gravitent autour du roi puis de l'évêque. Aucune trace cependant n'a été conservée du palais qu'il faudrait situer à côté de la cathédrale plutôt que dans les ruines des thermes que recouvre l'actuel musée. L'église

Le Christ, Chancel de Saint-Pierre-aux-Nonnains (VIIIe s.), Musées de Metz
Plat de reliure dit plaque de l'évangéliaire d'Adalbéron II (vers 1000), Musées de Metz

abbatiale des bénédictines de Saint-Pierre-aux-Nonnains, établie au début du VIe siècle dans un édifice du Bas Empire (370-400), est aujourd'hui le seul vestige monumental du haut Moyen Age messin. Son célèbre chancel, daté du milieu ou de la fin du VIe siècle, fut remployé dans les piliers de la nef lors de la reconstruction de l'église vers l'an mil. Il témoigne avec les précieuses reliures d'ivoire et les enluminures des manuscrits carolingiens ou ottoniens de l'excellence des artistes qui travaillent pour la cité riche et puissante qui compte alors parmi les premières en Occident.

Eglise Saint-Pierre-aux-Nonnains, vue intérieure et extérieure

la gloire
de la république
messine

En 1234, les bourgeois finissent

par s'imposer face à l'évêque.

Metz est alors florissante.

Avec près de 30 000 habitants,

elle est un centre économique

essentiel en particulier pour le commerce

de l'argent. Un proverbe affirme qu'un père qui

a deux fils ne peut souhaiter que le trône de France

pour le premier et le titre de bourgeois de Metz

pour le second.

Avec une population estimée entre 25 à 30 000 habitants, Metz est, vers 1250, l'une des villes les plus importantes de l'Empire et compte parmi les grands centres urbains de l'Occident. Le mur de la ville, percé de 12 portes et garni de 76 tours, se développe sur une longueur de plus de 5,5 km, englobant une superficie de près de 160 hectares, auxquels il faut ajouter les vastes faubourgs, riches et peuplés, qui se sont développés autour des grandes abbayes suburbaines. La campagne messine est forte d'une vingtaine de milliers d'habitants. Metz, jusque dans les dernières décennies du XIVe siècle, reste sans réelle concurrence dans un rayon de plus de 200 km. En effet, les cités importantes les plus proches sont Reims et Strasbourg ; on n'y dénombre cependant que la moitié environ de la population de Metz et il faut aller jusqu'à Cologne pour trouver une cité plus peuplée.

Au XIIIe siècle, entre la Champagne et le Rhin, Metz est le grand marché de la région. Réformées au spirituel comme au temporel depuis plus d'un siècle, les cinq abbayes bénédictines établies dans les faubourgs, comptent parmi les plus riches du diocèse ; elles concentrent sur la ville les productions de leurs domaines. Céréales, bétail et dérivés de l'élevage (laine et cuir) abondent sur les foires de Saint-Arnoul, de Saint-Clément, de Sainte-Marie dont elles ont le monopole dès avant 1130. Les bourgeois ne sont cependant pas en reste et, si la draperie ne connaît qu'un développement local, le sel, le vin sont exportés en quantités considérables sur des navires qui descendent la Moselle. La vente du produit des forges comme l'élevage des chevaux procurent des bénéfices considérables. Les marchands messins sont présents sur le Rhin à Cologne, Worms et Mayence, à Francfort et sur le Danube jusqu'à Vienne et en Hongrie, sur le delta du Rhône à Arles et plus loin à Marseille et Montpellier, sur la Meuse à Huy, Liège et Anvers ; par la route des Alpes, ils accèdent aux lacs italiens et à la Lombardie. Objets fabriqués et produits de luxe (épices, tissus précieux) provenant des pays lointains sont vendus ou échangés sur les marchés de la ville. Si aucun artisanat d'exportation à l'échelle européenne ne s'est développé, le savoir-faire des armuriers messins est reconnu jusqu'à Paris où plusieurs d'entre eux se sont établis.

La grande activité des Messins reste, entre 1200 et 1380, le commerce de l'argent. Plus de soixante changeurs dominent les activités de banque de l'Argonne aux Vosges, de Troyes jusqu'au pays de Trèves. De grands seigneurs comme le duc de Lorraine, le comte de Champagne, le comte de Bar ou le sire de Joinville, des chevaliers de moindre envergure, mais aussi les évêques, les abbayes, les cités s'endettent considérablement auprès de ces financiers. Ceux-ci, exigeant en garantie rentes et biens fonciers, se trouvent rapidement à la tête de vastes domaines ruraux principalement concentrés dans un rayon d'une trentaine de kilomètres autour de Metz.

HÔTEL DE BURTAIGNE, DÉTAIL - HÔTEL SAINT-LIVIER
RUE CHATILLON, ÉGLISE SAINT-GENGOULT

Au milieu du XIIe siècle, ces bourgeois sont beaucoup plus riches que n'importe lequel des comtes ou des ducs de cette région de l'Occident. Cette puissance économique sans partage permet aux Messins, qui profitent des crises politiques et religieuses de l'Empire, de se libérer de la tutelle épiscopale.

Une communauté des bourgeois existe depuis le milieu du XIe siècle mais, longtemps, elle reste étroitement dépendante de l'évêque. Entre une première révolte qui, dès 1078, chasse le seigneur ecclésiastique de sa ville épiscopale et la guerre de 1234 où les troupes messines l'emportent sur celles de l'évêque, les bourgeois se sont peu à peu emparés du pouvoir. En 1220, la direction des affaires de la cité est assurée par une magistrature typiquement urbaine, le collège des Treize Jurés, issu des familles patriciennes qui formaient auparavant le conseil de l'évêque. Elles trouvent leur puissance dans une large solidarité familiale comme dans les tours de défense, qu'à la

manière italienne, elles élèvent sur leurs résidences, à l'exemple de celles qui dominent encore aujourd'hui l'hôtel Saint-Livier ou la chapelle Saint-Genest en Jurue.

Les lignages patriciens se regroupent, avant 1214, autour de trois, puis de cinq riches familles d'anciens notables de la cité (les Paraiges) et imposent la reconnaissance de leurs privilèges politiques. Quelque 200 familles, soit 1 500 personnes environ, accaparent l'ensemble des magistratures urbaines dont celle du maître échevinat, mais également la justice, l'économie, la diplomatie et la guerre. Malgré plusieurs crises politiques, le gouvernement de la cité reste jusqu'au milieu du XVe siècle entre les mains de ces paraiges. Après 1280, qui voit l'arrivée aux affaires d'un nouveau lignage dit «du Commun», associant aux familles

privilégiées, les plus puissants des autres bourgeois. L'oligarchie messine ne se renouvelle pas. Le nombre de ses membres va en s'amenuisant, au point qu'il devient impossible après 1500 de pourvoir à toutes les magistratures.

Les domaines des bourgeois ont rapidement acquis une cohérence suffisante pour former un ensemble qui trouve une place particulière dans le morcellement territorial de la Lorraine féodale. Dans les premières années du XIVe siècle, un «Pays de Metz» est reconnu par les seigneurs lorrains et luxembourgeois.

Formé d'environ 136 bourgs et villages, soumis au droit et à l'impôt de Metz, regroupés autour de la ville et sa banlieue, cet ensemble donne naissance à un état urbain, le plus vaste au nord des Alpes. Comparable en richesse et en puissance aux villes de Flandre et d'Italie, Metz cité romane du Saint Empire comme Cambrai, Besançon, Genève ou Arles est une ville d'«entre-deux» qui participe à la fois des cultures romane et germanique. C'est aussi une ville libre dont le seul suzerain reconnu est l'Empereur. On lui manifeste plus de déférence que d'obéissance. Quand il s'annonce dans la ville, les troupes communales sont sur le pied

CHAPELLE DES TEMPLIERS
PLAFOND PEINT, DÉTAIL (VERS 1225), MUSÉES DE METZ - PLACE SAINT-LOUIS

de guerre et il doit promettre, avant de passer les portes, de respecter les franchises de la cité. La «République» messine est un état souverain qui frappe monnaie, déclare la guerre, entretient des relations diplomatiques avec les princes et les seigneurs voisins, édicte ses lois, lève ses impôts, rend la justice et en exécute les sentences.

A partir de 1350, une succession d'épidémies, dont celle de la peste noire, ravage l'Occident ; Metz et la Lorraine ne sont pas épargnées. A la crise démographique vient s'ajouter une crise économique : les grands courants du commerce européen se déplacent vers l'Allemagne rhénane. Cependant si les marchands messins se font de plus en plus rares sur les marchés lointains, la structure des fortunes patriciennes, principalement investies dans la terre, un certain individualisme des pratiques agricoles, le souci du remembrement des domaines, n'entraînent pas une diminution brutale de la richesse des élites dans la ville. Jusqu'à la fin du XVe siècle, les chroniques se font l'écho des fastes de la vie urbaine. Les conditions sont cependant celles d'un

RUE DE LA FONTAINE
PLACE SAINTE-CROIX

brillant mais inexorable déclin et Metz s'épuise à conserver son indépendance au milieu des puissants états qui voudraient bien s'en emparer. Après 1 500 pourtant, l'embellie économique qui touche tout l'Occident, profite également à la ville où l'on assiste à la reprise des grands chantiers de construction, dont le plus important est celui de la cathédrale, achevée en 1520. Mais la république patricienne est exsangue. Les lignages survivants se sont alliés à la noblesse lorraine ou luxembourgeoise et édifient leur avenir hors de Metz.

Eglise Saint-Martin
Plafond peint, détail (vers 1225), Musées de Metz - Place Sainte-Croix

lieux de commerce et habitations

Malgré les disparitions,

le patrimoine médiéval messin

demeure exceptionnel.

Vastes entrepôts, hôtels particuliers

ou l'ensemble de la place

Saint-Louis disent la puissance d'une cité qui,

jusqu'à la fin du XIVe siècle, demeure sans

concurrente dans un rayon de 200 km.

Comme dans toutes les grandes villes commerçantes, il se trouve à Metz de vastes entrepôts, appartenant à des particuliers, à des communautés religieuses ou encore à la Cité, dans lesquels sont stockés céréales et denrées diverses, bois et matériaux, échelles, artillerie, boulets et autre matériel de guerre. Quelques-uns de ces édifices, construits au XVe siècle, sont parvenus jusqu'à nous. Présentant de hautes façades crénelées et percées de multiples fenêtres pour la ventilation des grains, ils abritent plusieurs étages de vastes planchers soutenus par des rangées de colonnes. La grange des Antonistes (rue des Piques) tient son nom des Hospitaliers-de-Saint-Antoine qui l'ont occupée de 1420 à 1560, elle conserve encore une partie de la demeure fortifiée des Aspremont, famille seigneuriale qui, vers 1200, a fait partie de l'entourage de l'évêque. Le beau et grand édifice portant plusieurs étages et greniers situé en Chèvremont, aujourd'hui intégré au complexe du Musée, a été achevé en 1457 et muni d'un impressionnant contrefort un siècle plus tard ; la grange primitive, appartenant à un clerc messin qui l'avait léguée ou vendue à la ville vers 1380, se distingue encore nettement du reste de la construction. La grange des Clairvaux (en Chaplerue) n'est visible que de l'intérieur de l'îlot, la façade médiévale sur la rue ayant été «alignée» vers 1950.

MANTEAU DE CHEMINÉE, DÉTAIL (XVe S.), MUSÉES DE METZ - GRENIER DE CHÈVREMONT
SAINT-MARTIN OFFRANT LA MOITIÉ DE SON MANTEAU À UN PAUVRE, ÉGLISE SAINT-MARTIN

Acquise en 1514 par l'hôpital Saint-Nicolas, elle a été cédée à la Cité qui en est restée propriétaire jusqu'à la fin du XIXe siècle. C'était à l'origine une partie de l'hôpital du Saint-Esprit établi à cet endroit dès avant 1420.

La place Saint-Louis, bordée sur tout son côté ouest par un passage couvert à arcades, évoque les grandes places des bastides méridionales ou des cités drapières du Nord. Avec la place de Chambre, en contrebas de la cathédrale qui, elle aussi, possédait de nombreuses maisons à arcades, c'est le lieu des grands marchés hebdomadaires de la ville depuis le haut Moyen Age. L'évêque contrôle le marché de Chambre ; aussi pour échapper à son autorité directe, les marchands créent un autre marché, appelé *vicus novus* dans les textes du VIIIe siècle, implanté à l'extérieur des murs et à proximité de la Seille. Sur la place qui, au XIIIe et XIVe siècles, portait le nom de Vésigneul, s'élèvent des halles où s'exerce l'activité de nombreuses corporations dont celles des viéciers (marchands de vêtements déjà portés), des parmentiers (vêtements neufs), des drapiers, des tanneurs. Les changeurs y disposent de deux emplacements : les Vieux et les Neufs Changes construits entre 1224 et 1238, d'où son nom de rue du Change, qu'elle a conservé jusqu'à ce que, au début du XVIIe siècle, la pose d'une fontaine décorée d'une

GRENIER DE CHÈVREMONT
RUE DE LA FONTAINE

statue de saint Louis lui donne son nom actuel. Il ne faut accorder aucun crédit à la tradition moderne qui situe l'activité des changeurs sur les banquettes de pierre placées sous les arcades. Quelques façades ont conservé leurs créneaux, marque de puissance qui désigne les résidences des patriciens ou des riches marchands.

Il ne reste que peu de vestiges des maisons particulières. Les maçons messins ont maintenu pendant longtemps les manières de bâtir héritées du Moyen Age. La maison messine traditionnelle est couverte en tuiles creuses, imposant des toitures à très faible pente et quatre versants, dites en pointe de diamant ; les pignons de façade sont à peu près inconnus du Moyen Age messin. La toiture ne déborde pas (l'eau de pluie est évacuée par un chéneau qui court au sommet des quatre murs) ; elle peut être masquée sur la rue par un surhaussement du mur de façade (mur écran). Jusqu'au XIVe siècle, seuls les plus riches peuvent bâtir des maisons en pierre et de violents incendies ravagent à plusieurs reprises certains quartiers de la ville. En outre, à partir de 1740 et pendant plus de deux siècles, les rues sont systématiquement élargies pour répondre à la réglementation d'alignement et aux exigences de la circulation des piétons et des véhicules ; c'est donc plus souvent dans les arrière cours et sur les jardins qu'il faut chercher les vestiges des façades médiévales. Des façades à pans de bois, des éléments d'architecture, des décors de fresques ou encore d'imposants plafonds peints que l'on peut aujourd'hui admirer au Musée, peuvent surgir à l'occasion de travaux de réhabilitation ou de transformation.

RUE D'ENFER
LA MAISON DITE DES TÊTES, EN FOURNIRUE

D'importants vestiges de plusieurs hôtels patriciens se sont maintenus : l'hôtel Saint-Livier (XIe siècle), encore pourvu de sa haute tour de défense (rue des Trinitaires), ou la massive façade de l'hôtel de Gournais (vers 1300), jadis situé devant l'église Saint-Martin et remontée depuis les années 1980 dans la cour du Musée ; le porche voûté de l'hôtel Chaverson (XIVe siècle, rue des Trinitaires). Sur la place Sainte-Croix, l'hôtel de la Bulette, reconstruit vers 1935, fait face à un autre hôtel gothique, tous les deux présentent des échauguettes, destinées à la défense. Le XVe siècle voit bâtir l'hôtel dit de Gargan (en Nexirue) qui est une ancienne maison du chapitre de la cathédrale et la Grande Maison d'Ennery, construite pour le riche patricien Nicole de Heu, dotée d'un rare escalier à double révolution (rue de la Fontaine). Du Passetemps, construit en 1486 par Pierre Bau-

doche, il subsiste la charmante tourelle au bord de l'eau (derrière le théâtre). La Renaissance laisse quelques témoins dont l'hôtel de Burtaigne et son voisin (place des Charrons), la maison dite des Têtes, de 1529 (en Fournirue, mais elle a été déplacée), une maison à loggia dans une cour de la même rue et une maison rue du Neubourg. Seules ces deux dernières procèdent d'une influence méditerranéenne directe, les autres s'inspirant plutôt de l'art de l'Allemagne du sud.

églises, cloîtres et chapelles

Au XIIIe siècle,

pour une population de 30 000

habitants, Metz et ses faubourgs

comptent près de 150 églises,

chapelles, couvents, collégiales

ou prieurés. Paroisses, hôpitaux, centres de prières

animent la vie de la cité faisant de Metz

une « ville sonnante ». D'innombrables édifices

témoignent encore de cette présence

du religieux dans la société.

La richesse de Metz, en hommes comme en biens, se marque dans le développement exceptionnel de l'architecture religieuse. Vers 1440, la cité compte plus de vingt paroisses *intra muros*, auxquelles s'ajoutent onze paroisses des faubourgs. On y dénombre également dix communautés monastiques : six pour les hommes de l'ordre de Saint-Benoît (Saint-Arnoul, Saint-Clément, Saint-Symphorien, Saint-Vincent et Saint-Martin) auxquelles il faut ajouter Sainte-Croix (Saint-Eloy) qui est aux Prémontrés ; trois pour les bénédictines (Sainte-Glossinde, Saint-Pierre et Sainte-Marie aux Nonnains), ainsi que cinq collégiales (Saint-Paul, Saint-Sauveur, Notre-Dame-la-Ronde, Saint-Pierre-aux-Images, Saint-Thiébault) et quatre prieurés (Sainte-Marie-des-Champs, Saint-Pierre-aux-Arènes, Saint-André, Saint-Nicolas-du-Pré).

A l'époque des croisades (1180-1230), les Templiers, les Hospitaliers et les Teutoniques établissent des commanderies. A la fin du XIe siècle, de nombreux mouvements spirituels et laïcs traversent la société médiévale qui doit concilier afflux de richesses et message des Evangiles. Metz connaît alors, comme la vallée du

Rhin ou la Basse-Meuse, des concentrations de béguines vivant seules ou en communautés sous l'autorité d'une prieure. On y rencontre également des bégards, des Vaudois, des Cathares, des Repenties. Tous ces groupes, hors les béguines signalées encore vers 1520, sont étroitement surveillés par les autorités religieuses. Ils disparaissent, finissant sur le bûcher ou se fondant dans les nouveaux ordres mendiants qui s'installent dans la ville entre 1216 et 1230 (prêcheurs, cordeliers, augustins, carmes). Il faut ajouter une douzaine d'hôpitaux, comme ceux des Trinitaires, des Antonistes ou du Saint-Esprit, ainsi que ceux fondés par des laïcs charitables, qui sont le plus souvent des petites unités d'hébergement plus que de soins à destination des pèlerins, des voyageurs ou des femmes en couches. Le plus vaste est celui que les bourgeois établissent au Neufbourg, sous le patronage de saint Nicolas. Au XIVe siècle on assiste encore à quelques fondations tardives comme les célestins ou les cisterciens du Pontiffroy. Si on prend en compte les résidences patriciennes et celles des dignitaires ecclésiastiques qui possèdent souvent une chapelle, les nombreuses maisons d'abbayes, c'est au total plus de 150 églises et chapelles qui parsèment, vers 1350, la ville et ses faubourgs. Il ne subsiste plus aujourd'hui qu'une vingtaine de ces monuments.

Saint-Eucaire, Saint-Maximin, Saint-Martin nous sont parvenues telles, ou presque, qu'elles étaient au Moyen Age avec notamment des verrières et des inscriptions funéraires. Dans chacune, de riches familles patriciennes ont jadis établi des chapelles privées destinées à accueillir tombes et monuments. A Sainte-Ségolène, il ne subsiste que les chapelles d'abside, la nef ayant été reconstruite en 1896, mais elle possède encore plusieurs beaux vitraux dont une crucifixion du

VIERGE (XVe S.), MUSÉES DE METZ - CHAPELLE DES TEMPLIERS
SAINT-BLAISE (XVe S.), MUSÉES DE METZ - VIERGE À L'ENFANT (MILIEU XIVe S.), MUSÉES DE METZ

XIᵉ siècle, le plus ancien panneau conservé en Lorraine. La nef de Saint-Etienne-le-Dépenné (rue Gaudrée, transformée partie en garage, partie en habitation) attend un sort meilleur. Quelques vestiges signalent l'église Saint-Gengoulf (la belle porte du XVᵉ siècle conduisant à l'ossuaire et au cimetière). Saint-Livier, transformée en habitation à la Révolution, a été redécouverte lors de la reconstruction du Pontiffroy. Reconstruite vers 1200, l'église Saint-Martin est l'une des plus riches de la cité. Elle possède la particularité d'avoir conservé l'enclos de son cimetière, aujourd'hui transformé en jardin. Quand elle est mentionnée pour la première fois, vers l'an 850, elle est située sur le mur de la cité. Cependant, il ne faut pas voir dans les moellons de pierre blanche, visibles de part et d'autre du portail d'entrée, les vestiges du mur de l'enceinte antique, mais bien plus vraisemblablement ceux de la construction du Xᵉ siècle. Vers 1135, elle est appelée Saint-Martin *in hortis* (c'est-à-dire au milieu des jardins maraîchers). Elle est alors la paroisse d'un faubourg sans doute fortifié, appelé le Neufbourg, qui s'est développé hors de la vieille enceinte et de la juridiction de l'évêque. Soumis au comte, ce quartier lui doit le gîte et le couvert, c'est ici que des bourgeois ont fondé avant 1140, un hôpital dédié à saint Nicolas, patron des voyageurs.

La chapelle octogonale des Templiers, proche de celle de Laon, était, à la fin du XVIIᵉ siècle encore, placée au centre d'un vaste enclos où l'on mentionne des bâtiments à usage de magasin et d'habitation. Lors de la suppression de l'ordre du Temple en 1314, les biens de la commanderie sont attribués aux Hospitaliers

EGLISE SAINT-MARTIN
PIÉTA, ÉGLISE SAINT-EUCAIRE - CLOÎTRE DES RÉCOLLETS

de Saint-Jean. Ceux-ci la conserve jusque vers 1560 ; et, quand la citadelle est construite, elle sert de magasin.

Associée au nom de Rabelais, pensionnaire de la cité de mars 1546 à juin 1547, qui y réside dans les étages supérieurs, la chapelle Saint-Genest, a été fondée en juillet 1470, au rez de chaussée d'un bâtiment civil datant des environs de 1200.

La plus belle église du diocèse, après la cathédrale, est sans conteste l'abbatiale de Saint-Vincent, reconstruite à partir de 1248. Elle est célèbre, dès avant l'an mil, dans tous les pays germaniques et jusqu'au nord de l'Europe pour ses pèlerinages organisés sur le tombeau de sainte Lucie de Syracuse. Le cloître des Récollets est celui des Cordeliers établis à Metz dès 1230 ; leur église (détruite en 1802) et le couvent ont été édifiés en 1248, c'est une maison importante de l'ordre qui avait établi ici l'une de ses écoles générales.

De nombreux fragments d'architecture, arcades d'églises ou de cloîtres rappellent encore les clarisses (Conservatoire Régional de Musique), les augustins (rue du Neubourg), les grands carmes (Rue Marchant), mais la meilleure découverte du Metz médiéval, commencera par une visite du Musée qui présente autour du prestigieux grenier de Chèvremont, une évocation de l'architecture civile et religieuse, du décor intérieur et des objets de la vie quotidienne.

la cathédrale

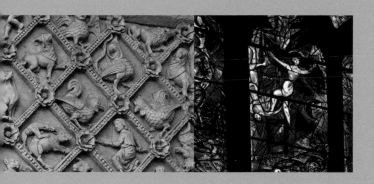

Surnommée la lanterne de Dieu,

la cathédrale Saint-Etienne de Metz

s'édifie lentement entre 1220

et 1550. Avec 42 m., sa voûte est

une des plus hautes de France.

En partie remanié au XVIIIe siècle, l'édifice retrouve

son aspect gothique au siècle suivant.

Les artistes n'ont cessé d'y œuvrer. Les vitraux

placés entre le XIIIe et le XXe siècle disent

cet enrichissement permanent.

Dominant de sa masse la cité, la cathédrale se dresse sur la colline Sainte-Croix. Elle doit sa silhouette insolite à la réunion sous un même toit de deux églises commencées simultanément au XIIIe siècle : la cathédrale orientée est-ouest et la collégiale Notre-Dame-la-Ronde sud-nord. Lors des grands projets élaborés au XIIIe siècle pour l'agrandissement et la mise au goût du jour de la cathédrale, le chantier de la collégiale entravait le développement de l'église épiscopale vers l'ouest. Vers l'est, son extension était compromise à cause du dénivelé du terrain. Or ce sont précisément ces contraintes d'environnement qui sont à l'origine du non-conformisme et de la singularité de la cathédrale. Rien ne subsiste de l'oratoire du Ve siècle dédié à saint Etienne, ni de la cathédrale ottonienne du Xe. La succession des chantiers de

GRAND PORTAIL, CÔTÉ OUEST, RESTAURÉ AU XIXe S.
PORTAIL DE LA VIERGE, FACE NORD, DÉTAIL - PORTAIL PLACE SAINT-ETIENNE, DÉTAIL

1220 à 1552 n'a pas altéré son harmonie. Les remplages des baies passent sans heurts du style rayonnant au gothique flamboyant, et la sculpture entre feuillages et anecdotes continue d'agrémenter les portails et les éléments architecturaux.

Le parti gothique type comportant une façade harmonique à deux tours et trois portails étant impossible à réaliser, l'architecte implante les clochers à la jonction des deux édifices. Reste le problème de la distribution iconographique. Le maître de l'œuvre s'est servi du seul portail sud augmenté d'une travée et ouvrant sur la collégiale pour déployer les thèmes convenus de la Dormition, du Couronnement, de la Crucifixion et de l'Ascension. Une particularité intéressante se développe sur le tympan latéral de la Crucifixion où, à côté des intercesseurs, apparaît Adam, symbole de l'humanité attendant le salut. Le porche sud sert d'entrée commune aux deux édifices jusqu'au XVIIIᵉ siècle. Jacques-François Blondel ouvre alors à l'ouest une porte de style classique. Tombé en disgrâce après 1870, ce portail est remplacé par l'ensemble néo-gothique, porche et portail, actuel.

Les portails de la face nord ne comportent pas, comme cela est le cas du portail sud, de tympan sculpté. Ils sont munis à la manière rémoise d'un tympan ajouré ; de ce fait, la sculpture se loge sur les ébrasements des portails et sur leurs contreforts. Le linteau du portail Saint-Etienne, situé sous la tour du Chapitre, restitué au XIXᵉ siècle, met en scène saint Clément, vainqueur du Graoully et évangélisateur messin. Charles Pêtre réalise la statue du trumeau figurant le saint. Sur les contreforts, deux panneaux conservent leur décor d'origine et portent avec élégance des losanges perlés et fleuris que viennent souligner des draperies. Le second portail ouvre sur l'espace de la collégiale.

Une fort belle rose, aux remplages à redents, indique l'intervention d'un atelier différent de celui du portail voisin. Le décor «à portée de main et du regard» présente sur les ébrasements, à gauche, des losanges aux bords perlés timbrés d'une rose qui enferment des animaux hybrides et des humains ; à droite, les rectangles chanfreinés à encadrement perlé accueillent des relations bibliques et hagiographiques. Tous ces décors rappellent au passant le combat de David et Goliath, saint Maurice et la légion thébaine, l'Invention de la Sainte-Croix, ainsi que des épisodes de la vie des saints Paul, Etienne et Marguerite.

A l'intérieur de la cathédrale survient l'éblouissement. L'audace de la voûte, la plus haute après celle d'Amiens avec ces 42 m de hauteur, sollicite irrésistiblement le regard. Elevée par Pierre Perrat à partir de 1359, elle unifie et couvre les deux édifices, au-dessus de trois niveaux, constitués par les grandes arcades, le

PORTAIL DE LA VIERGE, FACE NORD, DÉTAIL - BAS-CÔTÉ PLACE SAINT-ETIENNE, DÉTAIL
TOUR DE LA MUTTE

triforium et les fenêtres hautes. Le triforium aéré, la paroi transmuée scandée de frises, attirent à leur tour l'attention. La frise supérieure accueille au-dessus de draperies, des feuillages parfois habités. Sous le triforium, une arcature trilobée, ponctuée de culots à personnages souvent étranges, animaux hybrides ou naturalistes et motifs floraux, anime l'espace et allège la muralité. Peintures et épitaphes peintes se développent sur les piliers : au sud, l'épitaphe du chanoine

VITRAUX DE JACQUES VILLON (1957), CHAPELLE DU SAINT-SACREMENT
Lutte de Jacob avec l'ange, VITRAUX DE MARC CHAGALL (1963)

Arnoult Hennequin méditant la Passion, celle de Guirault de Guot témoin des temps difficiles pour la cité prise entre troupes impériales de Charles Quint et troupes françaises de Henri II, au nord, celle anecdotique du chanoine Poulain, dont

la petite âme se réfugie dans les bras de Michel l'Archange.

Les vitraux constituent la parure la plus prestigieuse de l'édifice ; 6 500 m² de muralité taraudée accueillent, du XIIIe au XXe siècle, des maîtres anonymes ou réputés, Hermann de Munster, Théobald de Lixheim, Valentin Bousch, ou plus près de nous, Jacques Villon en 1957, Gaudin en 1959, Bissière en 1960, Chagall en 1960-1963-1970.

Par son architecture, sa sculpture, ses vitraux et ses peintures la cathédrale est, sans conteste, à inscrire parmi les grandes œuvres qui jalonnent l'espace de la chrétienté.

GRANDE ROSACE, FACE NORD, HERMANN DE MUNSTER (1385)
BAS-CÔTÉ PLACE SAINT ÉTIENNE, DÉTAIL

la ville fortifiée

Régulièrement en guerre

avec ses voisins, en particulier

les Lorrains, la cité se dote

au XIIIᵉ siècle d'un puissant

ensemble de murailles dont

de multiples vestiges subsistent, le plus imposant

demeurant la porte des Allemands.

En 1552, elle se donne à la France et soutient

victorieusement le siège mené par Charles Quint

au cours de l'hiver.

L'image traditionnelle de la ville médiévale est avant tout celle d'une ville protégée par une forte muraille. La tour Camoufle, élevée en 1437, est le dernier vestige de l'enceinte de ce côté de la cité. Elle était associée, dès avant les années 1500, au souvenir d'un maître bombardier au service de la Cité nommé Jacob de Castel, dit Camoufle, célèbre pour son habileté au tir. Conservée à usage de pigeonnier, lors de la construction du nouveau quartier Saint-Thiébaut, au milieu du XVIIe siècle, elle a été maintenue comme monument historique en 1908, lors de la démolition des remparts. Quelques vestiges de l'enceinte sont visibles du côté des promenades de la Moselle en contrebas de l'Esplanade. Une longue section des fortifications, élevées vers 1210/1230, subsiste dans la partie inférieure du cours de la Seille et sur la Moselle, de la place Mazelle au pont des Grilles.

Les portes ont toutes, ou presque, disparu. La porte des Allemands qui, avec la rue qui y conduit, tire son nom d'une commanderie des chevaliers teutoniques établie vers 1230 au voisinage de l'église Saint-Eucaire, illustre le savoir-faire des maîtres d'œuvre de la Cité en matière de fortification et son adaptation aux progrès de l'artillerie. La porte primitive, simple passage, existe encore pour l'essentiel ; elle a été complétée en 1445-1480 par un pont fortifié enjambant la rivière et conduisant à deux grosses tours d'artillerie avec plusieurs étages de casemates voûtées, véritable ouvrage avancé dominant la campagne environnante. Avant 1529, le patricien Philippe Desch, gouverneur de l'ouvrage, fait réaliser d'importants travaux destinés à répondre à la puissance accrue des canons, avec notamment la construction, au niveau de la rivière, d'un poste de tir orné de curieux bas-reliefs.

TOUR CAMOUFLE
PORTE DES ALLEMANDS, DÉTAIL DES FOSSÉS AU NIVEAU DE LA RIVIÈRE

Metz perd une partie de ses faubourgs lors du siège de 1444. Au cours de celui de 1552, le duc de Guise, pour le compte de la France, défend victorieusement la ville nouvellement conquise face à Charles Quint. Les travaux de dégagement des abords de la cité amènent la destruction de vingt et une églises et de quatorze abbayes. Les abbayes de Saint-Clément et de Saint-Arnould sont transférées à l'intérieur des remparts. Après ce que Brantôme appelle «plus beau siège qui fut jamais», Metz est entrée dans le giron de la France. Le roi Henri II prête serment de respecter les privilèges de la cité. Pourtant, les libertés municipales sont progressivement détruites : les institutions françaises remplacent l'ancienne république médiévale et la ville passe de la simple protection à la domination du roi et de son administration. L'établissement en 1633 d'un parlement, institution judiciaire royale, illustre cette lente conquête du pouvoir au détriment des liens avec le droit germanique. La nomination d'un premier intendant, quatre ans plus tard, procède de la même logique.

la ville française

« Une ville défend sa province, Metz défend l'Etat » assure Vauban. Si la cité est une des premières garnisons de France et que sa fortification bastionnée est impressionnante, elle connaît aussi de profonds bouleversements. Le XVIIIe siècle, en particulier, lui permet de se couvrir d'édifices publics somptueux et de logements agréables.

Dès la deuxième moitié du XVe siècle, les Français s'attèlent à transformer la ville. Leur intervention concerne en priorité l'aspect militaire de la place de Metz avec les premiers travaux de fortification modernes. Rapidement le roi ordonne la construction d'une citadelle sur l'emplacement du riche quartier de la porte Serpenoise et de plusieurs établissements religieux, dont l'abbaye Saint-Pierre-aux-Nonnains. Si cette forteresse a pour but de verrouiller la défense de Metz, elle vise également à assurer la surveillance d'une ville à la loyauté jugée incertaine. Les canons sont alors braqués aussi bien sur l'extérieur que sur l'intérieur des remparts.

Le magasin aux vivres, construit en 1569 et aujourd'hui reconverti en hôtel, est le seul vestige remontant à la citadelle d'origine.

La guerre de Trente Ans aggrave les tensions au moment même où la ville est affaiblie par les difficultés entre catholiques et protestants. Entre 1635 et 1643, les ravages du conflit pèsent lourdement sur la population. Au milieu du XVIIe siècle, Metz connaît un renouveau avec 15 000 h. Alors que la cité est officiellement rattachée au territoire français en 1648, à la signature des traités de Westphalie, décision est prise de la doter d'une enceinte bastionnée selon le système défen-

ANCIEN MAGASIN AUX VIVRES RECONVERTI EN HÔTEL-RESTAURANT DE PRESTIGE
RUE DES TRINITAIRES - PLACE DE FRANCE

sif perfectionné par Sébastien de Vauban (1633-1707). L'ingénieur a pleinement conscience de l'importance stratégique de la ville, qu'il définit dans la célèbre formule : «les autres places du royaume couvrent la province, mais Metz couvre l'Etat». En 1676, il établit des plans pour les nouvelles fortifications, mais le projet ne se concrétise qu'au siècle suivant.

Le XVIe siècle n'a pas laissé de grands ensembles monumentaux à Metz car le contexte n'a pas été propice à la réalisation d'édifices prestigieux. Ce siècle important pour l'histoire locale a toutefois semé, au gré des rues de la ville haute, quelques belles portes agrémentant les façades.

La paix qui s'établit progressivement permet, au XVIIe siècle, la réalisation d'un projet urbain qui s'inscrit encore fortement dans la physionomie de la ville. C'est d'abord, de 1728 à 1749, l'édification des fortifications par Louis de Cormontaigne. La ville est profondément transformée par la nouvelle enceinte : des faubourgs, des églises et des abbayes disparaissent de la carte. Les ouvrages du Fort-Moselle, au-delà de la rivière, et de Bellecroix, à l'Est, viennent renforcer des points sensibles du dispositif défensif. Dans cette ville de garnison, afin d'éviter le cantonne-

ment des soldats parmi la population civile, plusieurs casernes sont construites dans les années 1730. L'évêque Henri de Coislin fait édifier à ses frais celles du Champ-à-Seille (disparues en 1933) ; celles de Chambière et du Fort-Moselle complètent les infrastructures de l'hôpital royal et militaire.

La nomination du duc Charles Fouquet de Belle-Isle (1684-1761), aux postes de commandant en chef de la généralité en 1727 puis de gouverneur à partir de 1733, marque un tournant décisif. Dans cette province essentielle au royaume, il dispose de droits qui dépassent les seules attributions militaires. Belle-Isle peut imprimer sa marque dans la pierre de Jaumont, comme le fait, au même moment, le duc Stanislas pour la ville voisine de Nancy.

Belle-Isle commence son œuvre d'urbaniste par le réaménagement de l'îlot du Petit-Saulcy, situé entre la ville haute et la ville neuve qui s'est développée au-delà de la Moselle. Une fois asséché et équipé de ponts et de quais, le Petit-Saulcy reçoit le nouveau théâtre (1733-1759), ainsi que l'hôtel de l'Intendance (1738-1744), destiné à loger convenablement le représentant du roi dans la province. Les plans de ces édifices sont confiés à Jacques Oger, auquel l'intendant adjoint l'architecte parisien Barthélemy Bourdet pour la réalisation de son hôtel. Cet élégant bâtiment est organisé autour d'une cour d'honneur fermée par un corps de porche. Modifié en 1806 après un incendie, l'hôtel est, depuis cette date, le siège de la préfecture de Moselle. Malgré quelques difficultés lors de la construction du théâtre,

la réussite que constitue l'aménagement du Petit-Saulcy incite Belle-Isle à mettre en œuvre un programme à plus grande échelle.

Pour le gouverneur, il s'agit de créer des places, des fontaines (place Sainte-Croix, rue Saint-Nicolas) et des monu-ments qui embelliront des rues alignées et élargies. Une traversée Est-Ouest, sur l'emplacement de l'ancien *decumanus* romain (en Fournirue), est établie en perçant les impasses pour permettre le passage des troupes. D'abord opposé au projet, Louis XV porte rapidement de l'intérêt à la trans-formation de Metz en fonction des exigences d'une place mili-taire. Le plan d'ensemble fourni par

Belle-Isle devient « une loi et une règle pour le présent et pour l'avenir ». Des quar-tiers de la vieille ville sont également remaniés, autour de Sainte-Glossinde et des places Saint-Thiébault et Mazelle. Des hôtels particuliers et de nombreuses maisons avec portes de style Louis XV (rue de la Haute-Pierre, rue des Clercs) témoignent des apports du XVIIIe siècle. De multiples édifices religieux, recons-truits ou achevés à cette époque, contribuent à modeler le nouveau visage d'une ville catholique.

Le maréchal d'Estrées, successeur de Belle-Isle au gouvernement de la généralité, poursuit le travail entrepris pour moderniser la ville. Il demande à Jacques-Fran-çois Blondel (1705-1774), célèbre architecte, de dresser les plans d'un grand projet urbanistique incluant la réalisation d'une place d'Armes et de nouveaux édifices civils, ainsi que le réaménagement des abords de la cathédrale.

DÉTAILS ET MASCARONS - L'OPÉRA-THÉÂTRE, LE PETIT SAULCY
FONTAINE PLACE SAINTE-CROIX

La réalisation d'une grande place à Metz avait été longuement préparée par Belle-Isle, mais sa mort en 1761 ne lui permettra pas de voir se concrétiser le projet. Il avait obtenu la destruction de nombreux bâtiments au sud de la cathédrale, notamment le cloître des chanoines, plusieurs chapelles et l'hôtel de la Petite-Princerie. Le terrain ainsi libéré, ajouté à l'ancienne place d'Armes, petite et enserrée, doit former un espace central et commode pour les manœuvres des troupes et la circulation. Blondel imagine une place de cent vingt-cinq mètres de longueur sur cinquante mètres de largeur, délimitée par des constructions d'architecture classique sévère mettant en évidence la fonction de la ville. Selon lui, dans un tel lieu, «tout monument doit se ressentir dans son ordonnance d'un certain genre de fermeté qu'impose l'art militaire». Son œuvre dégage une impression de force, aucun ornement superflu ne venant rompre les lignes droites et la symétrie. La place est fermée, dans toute sa longueur face à la cathédrale, par l'hôtel de ville, dont la construction n'a véritablement débuté qu'en 1766 pour finir cinq ans plus tard. Le corps de garde (office de tourisme) est un édifice aux proportions harmonieuses reprenant le parti de la mairie. Le parlement, commencé en 1770, n'a jamais été achevé en raison de la disparition de cette institution l'année suivante. La façade, qui avait été réalisée, a pu être réintégrée dans l'immeuble d'ha-

La cathédrale Saint-Etienne, place d'Armes
Trophée d'Armes, place d'Armes

bitation qui occupe ce côté. Devant la cathédrale, pour répondre à l'architecture du nouvel hôtel de ville, on établit une galerie d'arcades servant de façade à des commerces et des cafés (dispositif démantelé en 1860). Pour couper la trop grande longueur de la place, on élève des trophées d'armes, délimitant ainsi un espace dévolu à la circulation, et une grande zone utilisée dans le cadre militaire.

Aux multiples petites places médiévales succède l'unité orga-nisatrice de la grande place, cadre des parades militaires et défilés des corps constitués.

Blondel s'est également vu confier en 1762 le remodelage de l'espace situé devant la façade de la cathédrale, alors dépour-vue de portail monumental sous sa grande verrière. Lorsque l'architecte reçoit cette commande, l'ancien palais épiscopal, délaissé par l'évêque, occupe ce terrain surplombant en par-tie la place de Chambre. Après avoir remodelé le terre-plein Saint-Etienne, et ménagé un parvis suffisant, Blondel ouvre en 1764 un portail occidental à la cathédrale. D'ordre dorique, encadrée par les statues de la France et de la Religion et gar-nie d'une inscription rappelant la guérison de Louis XV à Metz en 1744, cette œuvre massive n'emporte pas l'adhésion, car les abords ne sont pas réaménagés selon le projet initial. Blondel est mort quand, en 1785, commence enfin la reconstruction du palais épiscopal selon les plans élaborés plus de vingt ans auparavant. Arrêtés par la Révolution, les travaux ne reprennent qu'au XIXᵉ siècle pour reconvertir cet évêché inachevé en un marché couvert absolument novateur pour l'époque. En 1898, le portail de la cathédrale est finalement démonté puis remplacé par un porche néogothique, plus en rapport avec l'architecture du lieu de culte, surtout en l'absence des cons-tructions classiques qui auraient dû l'accompagner.

Non loin de la citadelle, le palais du gouvernement, siège de l'autorité militaire avant la Révolution, est l'œuvre de l'architecte Charles-Louis Clérisseau (1721-1820), élève de Germain Boffrand et premier architecte de l'impératrice Catherine II de Russie. L'emplacement était occupé, jusqu'en 1776, par l'hôtel de la Haute-Pierre,

où les autorités de la ville recevaient les grands personnages en visite. Autour d'une vaste cour fermée par un imposant porche à deux guérites, Clérisseau bâtit un ensemble monumental de style néoclassique sévère et d'allure militaire, comme il se doit pour une résidence de gouverneur. Il s'agit de l'un des rares exemples de ce type d'architecture en France. Les frontons des ailes latérales, dus au sculpteur François Masson, représentent, à gauche, Hercule et sa massue, symbole de la force, et, à droite, Minerve avec les attributs des arts et des sciences. Masson a également fourni cinq bas-reliefs pour le décor du palais : deux seulement, visibles dans la cour, ont survécu à la Révolution. L'un rend hommage au duc de Guise secourant les blessés ennemis lors du siège de 1552 (à gauche), tandis que l'autre consacre l'alliance de la France et de la jeune république américaine en 1778 (à droite).

Si l'on considère la taille du palais du gouvernement en comparaison de l'hôtel de l'intendance qui jouxte le théâtre, on comprend à quel point, dans une ville militaire telle que Metz, le gouverneur avait un rôle éminemment plus important que l'intendant sous l'Ancien Régime. La façade sur l'actuelle rue du Juge-Michel et l'aménagement intérieur ne sont pas achevés au moment de la Révolution. Avec la réorganisation administrative du pays, et après plusieurs hésitations, le palais est affecté en 1806 au pouvoir judiciaire. L'esplanade, qui sépare le palais et l'ancienne citadelle, a été créée à partir de 1761 par comblement des anciens fronts militaires.

ANCIEN PALAIS DU GOUVERNEMENT, ACTUEL PALAIS DE JUSTICE
GÉNÉRAL DE LA FAYETTE, CLAUDE GOUTIN (C'EST À METZ QUE LA FAYETTE PRIT LA DÉCISION D'ALLER COMBATTRE EN AMÉRIQUE)

Dans le long processus de francisation de Metz, le rappel de la fonction militaire de la ville est une donnée constante. Dans son roman *Colette Baudoche*, Maurice Barrès le souligne à propos des édifices civils ayant gardé l'empreinte des ingénieurs des armées : «c'est partout droiture et simplicité, netteté des frontons sculptés, aspect rectiligne de l'ensemble». Metz est aussi dès cette époque le berceau de nombreux talents – le naturaliste Buchoz, le botaniste Collignon, le graveur Leprince, ou encore le célèbre aérostier Pilâtre de Rozier – qui, à des niveaux différents, ont pu tirer parti du contexte particulier de la ville dans l'exercice de leur art. En se modernisant et en s'abandonnant à la France, Metz n'en a pas pour autant fini d'être un enjeu stratégique, politique et économique.

Actuel Evêché
Actuel Palais de Justice

l'hôtel de ville

Sur la nouvelle place d'Armes,
Jacques-François Blondel édifie
l'hôtel de ville entre 1766 et 1771.
Agrandi en 1785, il peut sembler
avoir un aspect sévère mais
la pierre blonde tempère cette impression.
Les espaces intérieurs, essentiellement montés
au XIXe siècle, l'ornent d'un décor qui célèbre
le riche passé de la cité.

LE DUC DE GUISE, HÉROS DU SIÈGE DE 1552, VITRAIL
BAUDOCHE, MAÎTRE ÉCHEVIN DE METZ, VITRAIL - HÔTEL DE VILLE, PLACE D'ARMES

Pour remplacer l'ancien hôtel de ville, bâti en 1665 contre le parlement, le maréchal d'Estrées, successeur de Belle-Isle au poste de gouverneur des Trois-Evêchés, demande à l'architecte et théoricien Jacques-François Blondel (1705-1774) de dres-

ser les plans d'un édifice monumental à bâtir, selon le vœu du roi Louis XV, sur la place d'Armes en cours de dégagement. Blondel se voit ainsi confier un projet urbanistique à forte dimension symbolique. L'hôtel de ville, face à la cathédrale, est commencé en 1766. Ne pouvant construire en profondeur sans risquer d'amoindrir la largeur prévue pour la place d'Armes, Blondel élève un bâtiment à trois niveaux sur près de cent mètres de long. La façade, rythmée par deux pavillons, comprend au rez-de-chaussée des arcades, celles ouvrant sur le péristyle étant ornées de grilles ;

les fenêtres du premier étage adoptent une forme rectangulaire, tandis que celles du second étage sont carrées : une hiérarchie est ainsi établie dans les ouvertures. Le décor sculpté est dû à Jean-Chrysostome Rollier, ornemaniste, et Rudolphe Kaplonger, figuriste. Les frontons représentent les armes de la ville, les armes du roi (disparues), ainsi que les attributs de la guerre, de la justice, de la science et du commerce.

Achevé en 1771, l'hôtel de ville est agrandi dès 1785 sur les plans de Gardeur-Lebrun au détriment de l'ancienne église Saint-Gorgon, un temps maintenue derrière une façade postiche à droite de la mairie. Le parti pris respecte le style classique sévère voulu par Blondel pour les aménagements urbains de Metz : les édifices publics doivent refléter, dans leur architecture, la fonction de la ville dont ils abritent les institutions. Metz, cité militaire, est donc propre à recevoir un bâti traduisant, par ses lignes droites et sa monumentalité, la puissance d'une place forte de premier ordre.

La décoration intérieure de la mairie établit un contraste avec la sévérité extérieure. Si la structure reste celle du XVIIIe siècle, la plupart des éléments sont des apports intéressants du XIXe siècle. L'escalier monumental, au fond du péristyle, dispose d'une rampe en fer forgé, œuvre de Joseph Cabossel et Pierre Janin. Le palier comprend les statues de la Justice et de la Prudence, ainsi qu'un bas-relief en marbre représentant la Moselle sous les traits d'une nymphe. Aux menuisiers Claude Louvart et Louis Laforêt, on doit notamment les huisseries. Au premier étage, le grand salon conserve des médaillons figurant des Messins illustres du

Moyen Âge au milieu du XIXe siècle, tandis que le salon de Guise est orné de trois verrières de Laurent-Charles Maréchal (chef de file de l'Ecole de Metz entre 1834 et 1870) symbolisant les grandes périodes historiques de la cité : la ville épiscopale, la république messine et la ville française depuis 1552.

L'hôtel de ville est, avec le théâtre, l'une des plus importantes réalisations du XVIIIe siècle à Metz, et un édifice caractéristique de l'œuvre de Blondel.

GRAND SALON
GRAND ESCALIER

le théâtre

La ville qui naît au XVIIIe siècle se doit d'avoir une salle de spectacles moderne. Avec d'énormes difficultés, le théâtre est construit entre 1733 et 1759. La façade, en pierre de Jaumont, se déploie magnifiquement en intégrant des pavillons latéraux. A l'intérieur, la salle à l'italienne est aménagée en 1823 et 1882.

La construction d'un théâtre à Metz s'inscrit dans le projet des grandes transformations urbaines visant à relier la ville haute à l'île de Chambière en intégrant l'îlot du Petit-Saulcy, où l'on ne trouvait qu'un grenier à sel et des moulins. L'aménagement de cette île plantée de saules, déjà recommandé par Vauban dès 1698, est repris par le maréchal de Belle-Isle dans son projet général de 1728.

Metz était dépourvue de véritable salle de spectacle : depuis le XVIIe siècle, on utilisait à cet effet le jeu de paume, établi dans l'hôtel de Gargan, en Nexirue. En 1731, Belle-Isle propose la construction d'un théâtre sur le Petit-Saulcy, propriété de la ville avantageusement située *intra muros*. L'incendie d'une partie des bâtiments de l'îlot l'année suivante permet d'envisager le réaménagement des lieux, qui débute par l'édification de quais en pierre et l'amélioration des ponts reliant l'île aux rives de la Moselle.

Le projet de «l'hôtel des spectacles» est confié en 1733 à Jacques Oger (1681-1780), capitaine d'infanterie, ingénieur et inspecteur des bâtiments de la ville, déjà auteur de casernes, ainsi que des ponts Saint-Marcel et des Roches, qui permettent justement l'accès au terre-plein devant recevoir le théâtre. Dès 1741, les travaux

LE THÉÂTRE, 250E ANNIVERSAIRE DE SA CRÉATION
CARTON DE DÉCORS, AUGUSTE MIGETTE, MUSÉES DE METZ

sont interrompus pour huit ans, en raison de la guerre de Succession d'Autriche. Le projet connaît en outre des déboires financiers : deux entrepreneurs successifs, Cotte et Le Virloys, s'éclipsent avec une grosse partie des fonds destinés au chantier de la Comédie, où l'on ne cesse de constater incidents et malfaçons.

Alors que la «salle la plus magnifique et la plus régulière qu'il y eût dans le royaume» est inaugurée dès 1752, l'achèvement de l'édifice n'intervient que sept ans plus tard, grâce à Landau et De Leuze, appelés de Paris en 1753. Cette année voit également la construction des pavillons au profil curviligne qui encadrent le théâtre. Sur la droite, le pavillon de la Douane reprend les fonctions de grenier à sel et d'hôtel des poids de la laine et de la ville. Il est annexé au théâtre en 1822. Sur la gauche, le pavillon Saint-Marcel, ancien logement d'officiers, abrite aujourd'hui des appartements privés. Rapidement critiqué, l'aménagement intérieur de la salle «à l'italienne» n'est modifié qu'en 1823 et 1882, ce dernier état correspondant à la salle actuelle.

La place de la Comédie, largement ouverte sur la ville et la rivière, sert d'écrin au théâtre, l'une des premières salles de spectacle placées au centre d'une mise en scène urbaine en France. La façade, construite en pierre de Jaumont, se déploie magnifiquement en intégrant les pavillons latéraux grâce à une galerie à arcades en plein-cintre, vraisemblablement ajoutée au bâtiment en 1754 par Jean Gautier, le programme sculpté prévu à l'origine n'ayant jamais été réalisé. Le décor du fronton et les statues coiffant l'entablement, dus à Charles Pêtre, ont été façonnés en 1858.

la ville sonnante

Si la Réforme protestante s'implante à Metz très tôt et qu'elle demeure importante jusqu'en 1685, date de la Révocation de l'Edit de Nantes, la cité reste une «ville sonnante» catholique. Les ordres religieux anciens et ceux qui s'implantent à partir du XVIIe siècle érigent de somptueuses églises, nouvelle transformation du paysage urbain mais aussi ornement de la cité.

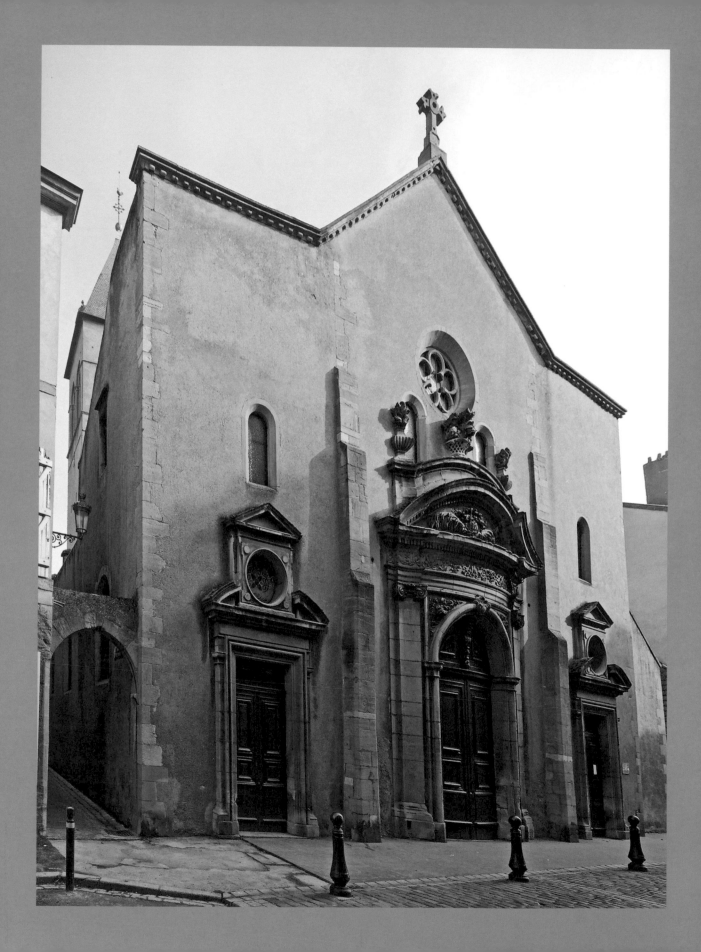

Aux XVIᵉ et XVIIᵉ siècles, la proximité du Saint-Empire et de la Suisse permet la propagation de la Réforme à Metz, dont une fraction importante de la population, principalement les élites, est acquise aux idées réformées. Un premier temple est bâti en 1562. D'abord protégés par les droits particuliers de la cité et les postes clefs qu'ils occupent dans l'administration locale, les huguenots messins sont ensuite violemment pourchassés sous le règne de Louis XIV. En 1685, l'édit de Fontainebleau, qui annule les libertés religieuses octroyées par Henri IV, marque le début de l'exil des protestants messins vers les pays germaniques, notamment le comté de Nassau-Sarrebruck et le Brandebourg. La cité demeure catholique.

Parallèlement, après les malheurs de la guerre de Trente Ans (1631-1661), un renouveau économique et spirituel marque Metz. De nombreux monastères qui jouissent de revenus importants sont alors reconstruits. Cette fièvre de bâtir se poursuit au XVIIIᵉ siècle dans le cadre de la refonte de l'urbanisme. Les paroisses, moins fortunées, ne participent pas à ce mouvement et conservent leurs églises médiévales. Une seule exception anecdotique : le portail baroque de l'église Saint-Maximin, rue Mazelle, plaqué en 1753 sur sa façade romane. Toutes les églises construites à Metz aux XVIIᵉ et XVIIIᵉ siècles le sont donc sous l'impulsion d'ordres monastiques.

L'église Saint-Simon-et-Saint-Jude est un cas un peu particulier : paroisse mais fondée par des religieux. Lors de l'aménagement d'un quartier neuf entre la Moselle et les fortifications de la Double Couronne du Fort Moselle, construites entre 1728 et 1732, le roi donne l'autorisation aux chanoines réguliers de Notre-Sauveur de créer un établissement à condition que le sanctuaire serve d'église paroissiale au nouveau quartier. L'église, bâtie entre 1737 et 1740, est dédiée à saint Simon en l'honneur de l'évêque de Metz qui en pose la première pierre. Le

ÉGLISE SAINT-MAXIMIN
JEANNE D'ORLÉANS, DÉTAIL (XVIᵉ S.), MUSÉES DE METZ

pavillon à droite de l'église accueillit de 1755 à 1790, le collège royal de Saint-Louis où les religieux ont pratiqué une pédagogie moderne privilégiant sciences et langues vivantes. Pendant la Révolution l'église est utilisée comme entrepôt par les militaires. Elle est rendue au culte en 1800. La façade est composée de deux étages à peu près identiques, décorée de pilastres ioniques et corinthiens et de niches. Elle est surmontée d'un clocher à deux étages, le premier niveau de plan carré se poursuit par une tour octogonale à balustrade.

L'église Notre-Dame, rue de la Chèvre, est à l'origine la chapelle d'un collège jésuite. Elle est édifiée de 1665 à 1741, avec de nombreuses interruptions quand ouvriers et matériaux sont réquisitionnés pour construire les fortifications, par Jean de Villers dans le «style jésuite» : large façade se rétrécissant dans sa partie supérieure qui est encadrée d'ailerons et surmontée d'un fronton. Elle était dédiée à saint Louis. Construite à l'emplacement d'un temple protestant bâti en 1576, les Huguenots la surnomment «église du Crève-Cœur». Elle a été le cadre d'un moment fort de la monarchie : après la maladie et la guérison de Louis XV à Metz, en 1744, au cours d'un *Te Deum* d'action de grâce célébré devant la reine et la Cour, le chanoine Josset, exprimant l'attachement des Messins et de tout le royaume envers le roi, lui décerne le titre de «Bien Aimé» qu'il conserve pour la

postérité. Le collège des jésuites subsiste jusqu'à leur expulsion en 1762. Les bénédictins de Saint-Symphorien prennent le relais de 1768 à 1791. En 1793 l'église devient le siège du club jacobin ; c'est alors que le décor d'entrelacs et d'arabesques, qui adoucit la façade un peu austère, est en grande partie martelé, il n'en subsiste que la partie supérieure. En 1795, nouvelle vocation, le temple décadaire s'installe dans l'ancienne église, pour peu de temps... En 1802 elle est rendue au culte catholique et devient église paroissiale sous le vocable de Notre-Dame de l'Assomption.

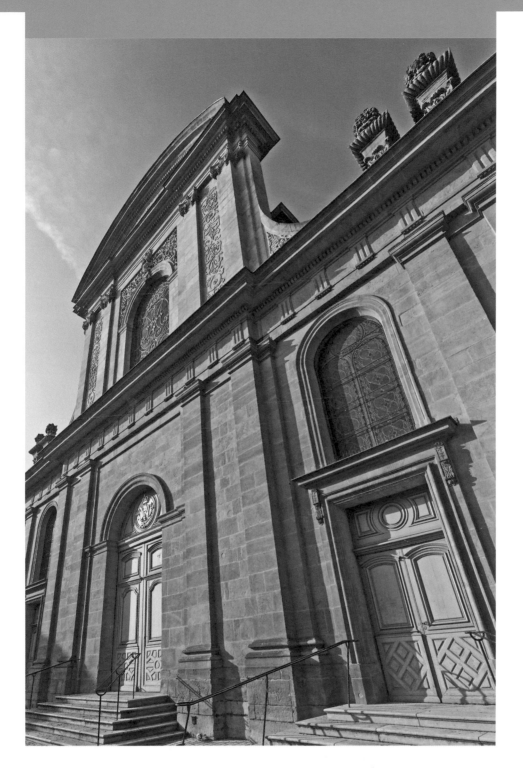

EGLISE NOTRE-DAME

Elle est restaurée et remeublée, l'orgue et les confessionnaux datent du XVIIIᵉ siècle et proviennent de l'église Saint-Siméon de Trèves, les vitraux ont été réalisés par Maréchal en 1858. On peut noter que les deux colonnes qui encadrent le portail du presbytère, à gauche de l'église, proviennent de l'amphithéâtre romain de Metz.

Sur la colline Sainte-Croix, haut lieu de la vie religieuse messine jusqu'à la Révolution, on remarque, rue du Haut Poirier, l'église des Carmes Déchaussés qui se sont installés à Metz en 1638. L'emplacement avait été occupé jusqu'à la fin du XVIᵉ siècle par l'abbaye Saint-Eloy qui relevait de l'ordre des Prémontrés, puis, de 1622 à 1635, par un collège de jésuites, où étaient accueillis aussi bien catholiques que protestants. Les carmes déchaussés ou petits carmes confient l'édification d'une nouvelle église en 1680-1685 à l'architecte italien Betto dans le style jésuite. La beauté de la grande nef est rehaussée par une coupole centrale à pendentifs. L'église, transformée en bibliothèque en 1811, est aujourd'hui intégrée dans les musées de la Cour d'Or. La fenêtre centrale, qui était à l'origine une porte, indique l'importance des travaux de nivellement effectués sur la colline Sainte-Croix afin d'adoucir la pente des rues. Quelques mètres plus loin se dresse, à l'angle de la rue du Haut-Poirier et de la rue des Trinitaires, l'église des Trinitaires. Les pères de la Trinité arrivent à Metz à la fin du XIIᵉ siècle, ils s'installent sur la colline Sainte-Croix en 1561 et, en 1566, ils

ÉGLISE DES TRINITAIRES
BASILIQUE SAINT-VINCENT

construisent une église qui est remplacée en 1720 par l'édifice actuel. La façade classique est très élégante avec son beau portail, ses pilastres et ses niches, son décor de guirlandes de fleurs et de coquilles est caractéristique du style Régence. L'église, convertie en temple protestant en 1804, devenue plus tard entrepôt des pompiers, est intégrée de nos jours aux musées de la Cour d'Or et sert de salle d'exposition. A droite de l'église on peut admirer l'ancien hôtel abbatial des Trinitaires qui possède une belle façade de style Louis XV ainsi qu'un portail du début XVIIe siècle à gauche, encadré de pilastres dont les chapiteaux sont ornés de têtes d'anges. L'abbaye bénédictine de Saint-Vincent a été fondée en 968. L'église, reconstruite de 1248 à 1376, est la plus grande de Metz après la cathédrale. La grosse tour romane de la façade, frappée par la foudre au début du XVIIIe siècle, est alors détruite et deux nouvelles travées de style gothique sont élevées à son emplacement, en 1754-1756, sur le modèle de celles du XIIIe siècle. La façade monumentale, par contre, est élevée, de 1768 à 1786, par les architectes Barlet et Louis dans un pur style classique superposant les trois ordres dorique, ionique et corinthien sur le modèle de la façade de l'église Saint-Gervais de Paris. Le contraste est saisissant quand, après avoir franchi la majestueuse façade classique, on découvre la nef gothique, lumineuse et légère. La Révolution la transforma en écurie. En 1803 elle devient église paroissiale. Prenant en compte son ancienneté et sa beauté, le pape Pie XI, lui décerne le titre de basilique en 1933. Aujourd'hui désaffectée, elle attend

une nouvelle destination. Les bâtiments monastiques jouxtant l'église ont été reconstruits au XVIIIe siècle, en particulier le cloître. Ils accueillent depuis 1804 un des premiers lycées fondés en France. Le lycée Fabert occupe toujours ces vénérables bâtiments de nos jours.

L'abbaye bénédictine de Saint-Clément qui s'élevait, au-delà des remparts, au Sablon, depuis le XIe siècle, a été rasée en 1552 lors du siège de Metz et transférée à l'intérieur de la ville dans le quartier du Pontiffroy. L'abbaye prospère dans la deuxième moitié du XVIIe siècle grâce à la protection de grands personnages, Mazarin en a été abbé de 1652 à 1661. Le monastère est donc reconstruit à partir de 1668. Le cloître, d'une grande élégance, est de style classique. Au centre, se dresse un puits couvert d'un dais supporté par quatre cariatides représentant les quatre vertus cardinales : Force, Prudence, Tempérance et Justice. L'église abbatiale est commencée en 1680 par l'architecte italien Spinga. Les travaux, plusieurs fois interrompus, s'achèvent par la façade élevée entre 1715 et 1737. Elle est un parfait exemple du «style bénédictin» du XVIIe siècle, c'est-à-dire un mélange des styles gothique et classique : la façade classique, richement ornée de pilastres, niches, pots à feu, fronton est aussi décorée d'une rosace gothique, gothiques également sont les fenêtres et les gargouilles, mais le plus curieux, ce sont les voûtes gothiques reposant sur d'énormes colonnes à chapiteaux corinthiens. Parmi les gargouilles qui entourent saint Clément, il en est une, visible depuis le cloître, qui représente le Graoully, ce fameux dragon terrassé par saint Clément, le premier évêque de Metz. A partir de 1785 l'abbaye accueille l'école royale de mathématique pour les élèves aspirants du corps royal d'artillerie. Les moines

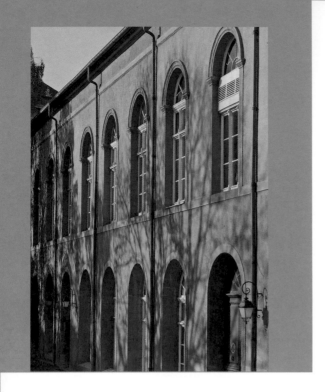

sont chassés en 1790, puis l'armée occupe quelque temps les bâtiments ; enfin, en 1855, les jésuites y fondent un collège. Expulsés en 1872 par les Allemands, ils reviennent en 1919. Le collège ferme en 1969. En 1983 le Conseil Régional de Lorraine s'installe dans l'abbaye magnifiquement restaurée.

Surnommée le «Saint-Denis des Carolingiens», l'abbaye Saint-Arnould a été la principale abbaye bénédictine de Metz, située, à l'origine, à l'extérieur des remparts, à l'emplacement de l'hôpital Bon Secours. En 1552, pour les besoins de la défense, elle est rasée, comme Saint-Clément, et transférée dans le couvent des Dominicains à l'intérieur des remparts, avec les illustres tombeaux en particulier ceux de Hildegarde (épouse de Charlemagne) et de l'empereur Louis-le-Pieux. Le monastère, à l'exception de l'église, a été reconstruit de 1665 à 1756. Le cloître a été bâti de 1665 à 1671 par le Milanais Antoine Grabert. Au XVIIIe siècle, elle a été un grand centre intellectuel, ainsi Dom Nicolas Tabouillot et Dom Jean-François y ont écrit leur *Histoire de Metz* en six volumes, publiée de 1769 à 1790. En 1786, la bibliothèque, avec ses 10 000 volumes, est ouverte au public. La Révolution détruit l'église abbatiale et les tombeaux dont il subsiste quelques fragments au musée. En 1794, une école d'artillerie s'y installe pour finalement devenir aujourd'hui le Cercle des Officiers.

La dernière église construite à Metz avant la Révolution est celle de l'abbaye Sainte-Glossinde fondée par Glossinde au VIIe siècle. L'église, du Xe siècle mais tombant en ruines au XVIIIe siècle, est reconstruite de 1752 à 1756, par les architectes Barlet et Louis, ainsi que tout le monastère. C'est un exemple unique à Metz de style baroque. La nef, très courte, sert aux moniales et le transept accueille les laïcs. Le décor sculpté est très raffiné mais l'œuvre la plus remarquable est la

ABBAYE SAINT-ARNOULD
ABBAYE SAINTE-GLOSSINDE - ABBAYE SAINT-ARNOULD

fresque de la coupole, peinte par Girardet de Lunéville, peintre du Roi Stanislas. Le thème est l'Apocalypse et sur les pendentifs de la coupole sont représentés les quatre évangélistes. Cette fresque, badigeonnée sous la Révolution, a été décapée et restaurée en 1909. En 1802, l'évêché est installé dans l'ancienne abbaye et la chapelle devient chapelle épiscopale, vocation qu'elle conserve aujourd'hui.

Les églises, construites ou reconstruites aux XVIIe et XVIIIe siècles à Metz, qu'elles aient conservé leur fonction religieuse ou qu'elles aient trouvé une nouvelle vocation, ont participé à l'élaboration d'un nouveau paysage urbain qui contribue aujourd'hui encore à la beauté de la ville.

une esthétique de la lumière

Religieux, politique ou simplement
décoratif, le vitrail est partout
à Metz depuis le XIIe siècle.
Les plus grands artistes
s'y consacrèrent ; Chagall œuvra
à la cathédrale pendant que Cocteau décorait
Saint-Maximin. Mais il faut aussi entrer dans
les immeubles pour découvrir de petites verrières
qui donnent leurs couleurs à la ville.

Six siècles de vitraux… c'est ce que proposent les différents édifices de la cité. Si la présence du vitrail n'est pas strictement nécessaire à l'espace architectural qu'il occupe, il contribue toutefois à le définir et à créer une atmosphère colorée et chaleureuse.

Le plus ancien vitrail messin est en remploi dans une baie de l'église Sainte-Ségolène. Daté de la seconde moitié du XIIe siècle, il appartient aux plus anciens vitraux connus de France. Le thème en est la Crucifixion aux coloris puissants et harmonieux. La composition rappelle l'émail d'un ambon attribué à Nicolas de Verdun. Dans le collatéral nord du même édifice Arthur Schouler, un artiste naborien, décrira entre 1957 et 1960 un cycle christologique aux tons chauds et soutenus.

La cathédrale avec 6 500 m² de vitraux est le champ privilégié pour la conquête artistique du vitrail. Plusieurs baies de la nef et du transept contiennent des éléments du XIIIe siècle. La splendeur des bleus de Chartres, doucement avivés par des touches vertes et jaunes, anime des fragments en remploi de l'église Saint-Paul, détruite lors de l'aménagement de la place d'Armes. Dans les collatéraux, d'autres médaillons indiquent par leur coloris, un atelier plutôt redevable à des maîtres rhénans. Au XIVe siècle,

Hermann de Munster aménage la grande verrière ouest. La grisaille se générali-
se, des architectures sont introduites dans la composition, la perspective
se précise. Une prestigieuse rose vient surmonter la grande baie. En 1504,
Théobald de Lixheim allège les architectures dans la grande verrière nord du
transept. Dans le chœur et dans le bras sud Valentin Bousch signe en 1525 son
œuvre magistrale. La perspective maîtrisée joue avec les éléments ornemen-
taux. Les traits de lumière subliment les coloris et donnent vie aux personnages sacrés. Il est intéressant de noter la nouvelle pratique consistant à
apposer la signature du maître verrier, la date de réalisation et la présence des
donateurs qu'ils soient chanoines, évêques ou duc et duchesse de Lorraine.
Au XXe siècle, grâce au renouveau de l'art sacré, la cathédrale sera un terrain
d'expériences pour les peintres. En 1957, Jacques Villon «le géomètre de la cou-
leur» intervient dans la chapelle du Saint-Sacrement et construit au travers
d'accords chromatiques une iconographie en relation avec l'Eucharistie. En
1960, Bissière choisit le non figuratif pour les tympans des portes sous les tours,
tout en spéculant sur la symbolique des couleurs chaudes et froides. De 1960 à
1963, Marc Chagall accorde les rouges et les bleus aux teintes claires dans les
baies du déambulatoire et choisit une dominante jaune pour la Genèse du
transept. Il fait pénétrer la nature dans le triforium, le pare de fleurs et de
branches habitées d'oiseaux et de papillons.

VITRAIL DE MARC CHAGALL, CATHÉDRALE SAINT-ETIENNE - VITRAIL DE L'ANNONCIATION, ÉGLISE SAINT-MARTIN
GRANDE ROSACE ET VITRAIL DE MARC CHAGALL, CATHÉDRALE SAINT-ETIENNE

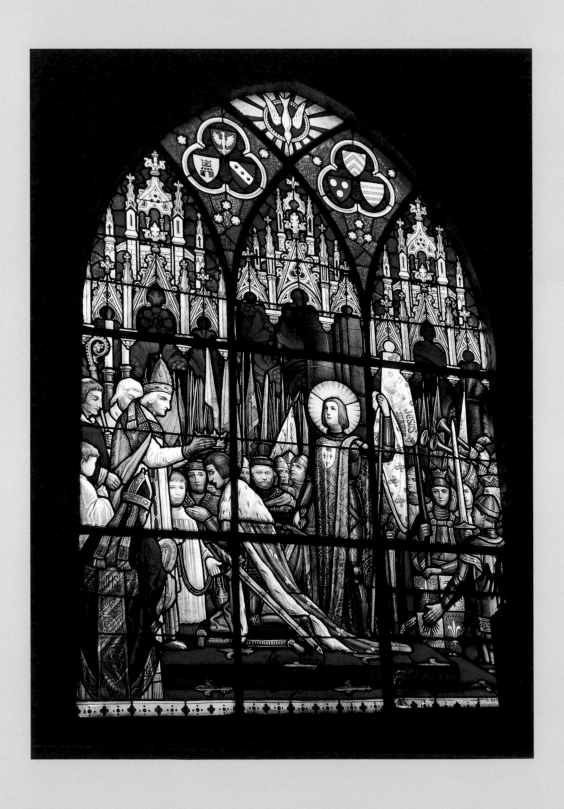

Dans l'église Saint-Martin, un maître-verrier du XVe siècle va chercher l'inspiration chez un graveur actif vers 1460, connu par ses initiales ES. Ses relations du cycle de la Passion sont dans la lignée de la «Bible des Pauvres». Les grandes familles patriciennes se posent à leur tour en donateurs : l'Annonciation près des Fonts baptismaux et la Vie de la Vierge dans le croisillon nord sont offerts par les Gournay alors que les Baudoche offrent les baies du transept sud. Au XIXe les Coëtlosquet font appel à Maréchal pour des baies de la nef. La vie de saint Martin due à Maréchal et Champigneulle plonge l'abside dans une chaude lumière rouge, bleue et or. Les plombs à présent dissimulés permettent l'élaboration de véritables tableaux. C'est le temps du vitrail-tableau, du vitrail historique. En 1910, l'atelier Thiria exécute une composition originale présentant le sacre de Charles VII par Jeanne d'Arc.

Dans la basilique Saint-Vincent, le Couronnement de la Vierge selon Fra Angelico, du aux ateliers Coffetier-Maréchal habille de couleurs chatoyantes la verrière sud. En 1956 l'atelier Couturat aligne au nord un cycle marial, aux figures anguleuses et aux coloris saturés. A l'église Sainte-Thérèse, Nicolas Untersteller intègre dans les claustras de l'abside une glorification de la petite sainte. Dans la nef, prophètes, apôtres et saints s'étirent vers la voûte, alors qu'à l'est éclatent les litanies de la Vierge et le Couronnement de Marie.

Jean Cocteau imprime ses rêves et sa différence dans les vitraux de Saint-Maximin. Quelques références religieuses dans le chœur laissent éclater les tons bleus jalonnés

JEANNE D'ARC AU SACRE DE CHARLES VII, ROI DE FRANCE, VITRAIL, ÉGLISE SAINT-MARTIN
VITRAUX, ÉGLISE SAINT-MARTIN

de taches rouges et jaunes. D'étranges visages et masques s'affichent ou se dissimulent. Dans la chapelle sud, Cocteau se souvient du *Testament d'Orphée* et introduit Minerve casquée, revêtue de l'égide avec la tête de Gorgone à côté d'un homme cheval. Du XIIᵉ au XXᵉ siècle, les vitraux donnent tout leur éclat aux églises messines. Exclusivement religieux à leurs débuts, au XIXᵉ siècle, ils se font civils et laïcs. En sont témoins les nombreux vitraux floraux ou géométriques réalisés dans les maisons privées. Les ateliers allemands Breig frères, Mayer de Munich, Thiria et Baudinet interviennent sur les chantiers de la Gare ou de la Poste. Maréchal envoie en 1867 à l'Exposition Universelle de Paris *L'artiste* conservé aujourd'hui aux Musées. Son chef d'œuvre est sans nul doute *Le Duc de Guise* qui a trouvé place dans le Salon du même nom de l'Hôtel de ville. Incontestablement, Metz la ville lumière est un véritable conservatoire de vitraux.

La Création, Marc Chagall, vitrail (1963), cathédrale Saint-Etienne - Vitrail, maison particulière (1929)
Charlemagne, vitrail, gare

douze
siècles d'histoire
juive

Présente à Metz depuis
le IXe siècle, la communauté juive
a longtemps été enfermée
dans un quartier réservé.
Malgré des persécutions et
des expulsions chroniques, elle se maintient
dans la cité jusqu'à sa reconnaissance
légale en 1791. Au XIXe siècle la construction
d'une vaste synagogue affirme sa place dans
la société messine.

La première mention connue de présence juive au sein de la ville date de 888, lorsque, au cours d'un concile provincial se tenant dans le cadre de la prestigieuse abbaye de Saint-Arnoul, le princier de la cathédrale prononce un libelle la fustigeant. Nous en avons encore quelques rares traces jusqu'au XIIe siècle, et une chronique juive, écrite à Mayence en 1140, affirme qu'au cours de la première croisade, un massacre aurait été commis à Metz en 1096, parallèlement à ceux perpétrés à l'époque dans la vallée du Rhin.

Le seul vestige qui nous soit parvenu de cette communauté médiévale est le nom d'une rue, la Jurue. Si ce nom a pu se maintenir au long des siècles, ce n'est pas parce que des juifs y vivaient, mais à cause d'un paraige apparu au début du XIIIe siècle avant de devenir un des composants de la Commune en 1250. Le latin des chartes s'exprime par les mots *vicus judaeorum* ce qui ne laisse aucun doute quant à l'origine du mot. Mais, bien sûr, ses membres sont chrétiens. Sont-ils alors issus d'anciennes familles juives converties au catholicisme pour conserver le droit de résider dans la ville et participer à son gouvernement ? Sont-ils au contraire des nouveaux venus voulant bénéficier du prestige de ce quartier voisin du sommet de la colline Sainte Croix, siège traditionnel du pouvoir politique depuis l'époque du Haut Moyen-Âge ? C'est encore une énigme à ce jour.

Après la fin du XIIᵉ siècle, nous n'avons plus aucun témoignage d'un habitat juif dans la ville. Au contraire, la Commune adopte au début du XIVᵉ siècle une législation qui lui est nettement hostile.

Les choses changent après l'intervention française de 1552. La prospérité messine, si évidente aux yeux de tous au Moyen-Âge, à tel point qu'on appelait Metz «la riche», n'est plus qu'un souvenir. La décision de Henri II d'installer une forte garnison dans ses murs oblige la monarchie, à court d'argent, à utiliser tous les expédients pour revitaliser les circuits économiques de la région. Au nombre de ceux-ci, que l'on pense alors provisoires, figure l'invitation faite à trois familles juives de s'installer dans la ville pour y pratiquer le prêt à intérêt. Les protestations de la population n'y font rien, car très vite, les gouverneurs se rendent

dent compte que ces prêteurs leur rendent d'inestimables services en favorisant le crédit, surtout au profit des militaires dont les soldes accusent un retard chronique. De sorte que, malgré les récriminations, non seulement ils ne les expulsent pas, mais en font venir d'autres. Ainsi renaît à Metz, après une coupure de trois cent cinquante ans environ, une nouvelle communauté.

EN JURUE
LA SYNAGOGUE

Pour calmer l'indignation de certains éléments, l'un des gouverneurs, le duc d'Epernon, institue en 1614 un quartier dans lequel les juifs sont assignés à résidence. Au milieu de ce ghetto, dans la rue principale, successivement rue des Juifs, rue de l'Arsenal et aujourd'hui rue du rabbin Elie Bloch, parallèle au quai du Rimport, il y a deux synagogues installées dans des bâtiments ayant probablement appartenu à un couvent voisin. Lorsque la Révolution décide, en 1791, de leur accorder la pleine citoyenneté, les juifs les plus aisés s'empressent de quitter ce lieu qui se paupérise lentement, certaines maisons accueillant d'ailleurs une population de nécessiteux chrétiens. Insalubre et dangereux pour ses habitants, cet ancien quartier juif est rasé en 1931. Il ne reste de lui qu'une clé d'arc, sculptée d'une aiguière, indiquant qu'il s'agissait de l'entrée de la maison d'un Lévy ; celui-ci étant supposé être un descendant des Lévites, chargés jadis de tenir ce récipient et de verser l'eau sur les mains des Cohen, chargés de la bénédiction. La sculpture a été récupérée en 1931 par un habitant de la toute proche rue de Saint-Ferroy qui s'en est servi comme enseigne pour sa maison, mais celle-ci est à son tour détruite vers 1960. Le vestige est alors transféré dans la salle juive du musée de la Cour d'Or où l'on peut le voir aujourd'hui. Cependant la municipalité a reconstitué la porte d'une maison de l'ancien ghetto qui est placée en guise de monument sur un petit square, face à la synagogue.

Celle-ci, commencée en 1848, a été inaugurée en 1850. Il n'existe aucune tradition architecturale pour la construction des maisons de prière, au reste interdite sous l'Ancien Régime. Celles existant alors se logeaient dans des immeubles construits pour d'autres usages, privés ou publics, au mieux aménagés lorsque c'était possible. Les synagogues du ghetto, devenues dangereuses à force de vétusté, sont rasées en 1847. La nouvelle, voulue par la communauté, est d'autant plus grandiose

PORTE DE L'ANCIEN GHETTO
LA SYNAGOGUE, VUE INTÉRIEURE

qu'elle est attenante à la future école rabbinique, en charge de la formation de l'ensemble des rabbins français, mais elle n'a fonctionné que peu de temps à Metz. Derobe, l'architecte de la ville, a d'abord proposé un projet d'inspiration égyptienne, mais devant les oppositions, il se résigne à construire un édifice néo-roman. Comme l'exige la tradition juive, aucune représentation humaine n'y est réalisée et les seules décorations, à l'extérieur comme à l'intérieur, sont composées de versets de la Thora, la Loi juive. Apposée à un mur, près de la porte d'entrée, une plaque rappelle le souvenir de 1 500 victimes des Nazis, dont presque un millier de Messins.

Dans le centre adjacent, où la communauté dispose de bureaux et de salles de réunion, une fresque du peintre Fuss, au dernier étage, orne le restaurant communautaire. Peinte en 1971, elle résume, dans une dominante bleue, l'histoire du peuple juif, depuis la Genèse jusqu'à la réunification de Jérusalem en 1967. Différents objets servant au culte sont également exposés dans la salle juive du musée de la Cour d'Or, tout près de la synagogue. Un des plus beaux est une parure de Thora, faite en vermeil, en forme de couronne, réalisée au XIXᵉ siècle en Pologne et offerte à la communauté messine en 1948 par ses fidèles de rite polonais.

RIDEAU D'ARCHE SAINTE, VELOURS BRODÉ (XIXᵉ S.),
CONSISTOIRE ISRAÉLITE DE MOSELLE
LA SYNAGOGUE, VUES INTÉRIEURES

metz
du XIXe siècle

Au XIXe siècle, Metz semble

s'assoupir enfermée dans son rôle

de place forte. Son paysage

évolue cependant profondément

avec la création de parcs,

le déplacement des cimetières ou la construction

de nouveaux édifices. Le siège soutenu au cours de

l'été 1870 par l'armée de Bazaine marque

les consciences. Les Allemands, maîtres de la cité,

poursuivent le remaniement de la Ville Vieille.

De la Révolution à la guerre de 1870-1871, Metz reste entouré de remparts qui limitent son développement : d'ailleurs sa population, après avoir un peu diminué pendant la Révolution (36 000 habitants en 1789 et 34 000 en 1803), puis augmenté sous l'Empire (40 000 en 1811), ne s'accroît que très modestement dans les décennies suivantes (48 000 habitants en 1870), ceci dans une période de forte croissance urbaine en Europe occidentale. Située au dixième rang des villes françaises en 1815, Metz n'est plus qu'en vingtième position 55 années plus tard.

Autour de la cathédrale, Metz passe du classicisme au néo-médiéval. Dans le prolongement des travaux réalisés place d'Armes, l'architecte Blondel avait prévu le réaménagement de la place de la Cathédrale avec la construction d'un palais épiscopal. L'édifice, commencé en 1785, n'est pas achevé quand intervient la Révolution ; le chantier reste plusieurs années à l'abandon tandis que les autorités hésitent sur la destination du futur bâtiment. L'Etat envisage d'y installer le palais de Justice avant d'y renoncer ; finalement, la municipalité décide en 1823 d'y établir le marché couvert, inauguré en 1831. La municipalité étudie dans les années suivantes un aménagement du bâtiment pour y installer un musée des Beaux-arts, puis abandonne ce projet. Les abords de la cathédrale subissent aussi quelques modifications : afin d'assurer l'unité architecturale de la place d'Ames, Blondel avait ajouté à l'édifice religieux un portail classique ainsi que, sur son flanc est, des arcades abritant des commerces et des maisons. Au milieu du XIXᵉ siècle, l'engouement pour le gothique, dans la lignée de Viollet-le-Duc, suscite des critiques de plus en plus vives envers ces éléments qui défigureraient la cathédrale

médiévale ; « le pourtour extérieur de la cathédrale a été misérablement obstrué par une foule de maisons privées dont l'importune vulgarité forme une disparité choquante avec la grandeur du monument », s'exclame Woirhaye au conseil municipal. Malgré quelques oppositions, qui expriment par la voix de l'historien Auguste Prost leur attachement à l'œuvre de Blondel et leur souhait de préserver les arcades, les travaux de dégagement commencent en 1860 ; ils ne seront achevés qu'en 1881 avec la disparition du Café Français, dernier établissement accolé à la cathédrale.

A partir des années 1820-1830, les préoccupations artistiques et intellectuelles prennent une place croissante dans la vie de la cité messine, dont on avait parfois déploré la médiocrité intellectuelle en la qualifiant de « Sibérie des arts ». En 1834, une exposition révèle un ensemble d'artistes messins, que Baudelaire va réunir lors du salon de peinture de 1845 sous le nom d'« Ecole de Metz » ; celle-ci comprend entre autres Laurent-Charles Maréchal (1801-1887), spécialiste de la peinture sur verre et du vitrail ; Auguste Migette (1802-1884), dessinateur, peintre et décorateur de théâtre... Leur activité et leur notoriété stimulent les initiatives locales, privées et publiques. Les autorités municipales ouvrent en 1839 un musée des Beaux-Arts, qui rejoint dans l'ancien couvent des Petits-Carmes la bibliothèque municipale, un cabinet d'histoire naturelle formé dès 1817 et des collections d'archéologie.

L'espace occupé par les militaires réduit les possibilités d'aménagement par la municipalité. Celle-ci s'efforce d'accroître la maîtrise de son territoire en contestant et en reprenant aux militaires l'aire correspondant actuellement à l'Esplanade et à la place de la République (alors place Royale), occupée jusqu'à la fin du

XVIIIe siècle par deux bastions de la citadelle. Le démantèlement de cette dernière, décidé en 1790 par Louis XVI nourrit de nombreux projets municipaux qui se heurtent aux résistances de l'administration militaire. Cette opération permet cependant l'aménagement du jardin de l'Esplanade qui, dans les décennies suivantes, devient un lieu de promenade dominicale orné de plusieurs œuvres du sculpteur animalier Fratin ; sous le Second Empire, il est enrichi d'un kiosque à musique et de nouvelles statues de Fratin et de Pêtre (Ney, la Source). Les tensions entre la Ville et l'administration militaire persistent autour de la place Royale, bientôt bornée au sud par la caserne du Génie (construite entre 1833 et 1844), puis par l'Arsenal (édifié entre 1860 et 1864). Un accord entre la municipalité et le ministère de la Guerre, en 1860, en fait une place publique, sur laquelle ne peuvent être toutefois installées que des constructions provisoires. En 1861, s'y déroule l'exposition universelle qui, pendant cinq mois, accueille plus de 2500 exposants et 200 000 visiteurs.

A partir de 1857, le projet d'établissement à Metz d'une manufacture des tabacs suscite de nouvelles négociations avec l'administration militaire. L'un des lieux envisagés, près du bastion Saint-Vincent, appartient en effet à l'armée. Après de laborieuses discussions, les terrains militaires du front Saint-Vincent sont finalement laissés en 1867 à la municipalité qui peut alors les proposer à l'administration des tabacs pour la construction de la manufacture.

Malgré quelques aménagements et la construction de plusieurs édifices, le paysage urbain de Metz a jusqu'au milieu du XIXe siècle subi peu de modifications depuis la fin du siècle précédent. C'est avec l'arrivée du chemin de fer en 1850 et l'action volontariste du Dr Félix Maréchal, nommé maire en 1854 par le régime impérial, que d'importants travaux d'urbanisme sont entrepris et modifient l'aspect de certains quartiers de la ville. Comme d'autres municipalités à la même époque, les édiles messins veulent à la fois percer de nouvelles voies, construire de nouveaux édifices, assainir et embellir la ville.

La gare, d'abord un simple débarcadère en bois, puis dès 1853 construction de briques, fer et verre, est construite hors les murs, au-delà des fortifications qui entourent Metz. Afin de la relier à la ville, une voie est percée dans les remparts et aboutit à la porte Serpenoise, ouverte en octobre 1852. Le voyageur qui se rend dans le centre, après avoir franchi cette porte, emprunte la nouvelle avenue Serpenoise principal témoignage de la politique «haussmanienne» de la municipalité messine et artère la plus animée du centre-ville.

Afin d'améliorer l'approvisionnement en eau potable, le conseil municipal entreprend d'importants et coûteux travaux acheminant les eaux de Gorze à Metz jusqu'au réservoir des Récollets sur la colline Sainte-Croix. Les eaux sont ensuite redistribuées dans la ville grâce à la constructions de fontaines (on en compte 24 en 1866) et de bornes-fontaines (14 à la même date), tandis qu'un jet

Jardins de l'Esplanade
Caserne du Génie, place de la République

d'eau contribue à l'attrait du jardin de l'Esplanade. L'une de ces fontaines est installée dans l'été 1866 place de la Comédie (elle sera détruite en 1953) ; elle est située en face du théâtre dont Charles Pêtre vient de compléter la façade, jusqu'alors dépourvue de décor, en sculptant les armes de Metz sur le tympan du fronton, et plusieurs statues placées sur le sommet et sur la balustrade de l'édifice. Les jardins Fabert et d'Amour, situés aux extrémités de l'ensemble formé par la place de la Comédie et la place de la Préfecture, sont reliés par une allée bordée d'arbres, le long de la Moselle.

Les limites imposées à l'expansion de la ville par les fortifications obligent à plusieurs reprises les édiles messins à s'intéresser à des terrains éloignés de la ville. En 1834, une nouvelle nécropole est fondée le long de la route de Strasbourg, sur le territoire de la commune de Plantières : le cimetière de l'Est. Ce « Père-Lachaise » messin accueille les tombes des notables locaux, dont les familles font appel à des architectes et à des sculpteurs (Jacquemin, Pioche, Deny, Pêtre, Hannaux) pour édifier et décorer des chapelles néo-gothiques ou des tombeaux antiquisants dotés d'obélisques et de colonnes. Dans l'été 1870, après les premiers revers français face aux Prussiens, le maréchal Bazaine s'enferme dans Metz avec 170 000 hommes de l'Armée du Rhin, auxquels s'ajoutent les 50 000 habitants. Il est encerclé par les troupes du prince Frédéric-Charles qui, manquant d'artillerie lourde,

IMMEUBLE RUE DES CLERCS, HARNIST, ARCHITECTE
BALCON RUE SERPENOISE - CIMETIÈRE DE L'EST

se contentent de bloquer la place. Le 27 octobre, après 68 jours d'un siège souvent passif, les Français capitulent. Le traité de Francfort, du 10 mai 1871, donne l'Alsace-Moselle au Reich : Metz est devenue allemande.

De 1870 à 1902, les Allemands remanient la Vieille Ville. On peut alors parler d'une «sacralisation» de la cité. Edifices catholiques restaurés ou temples nouveaux animent l'espace. Le fait le plus marquant est sans doute la «restauration» de la cathédrale : destruction du portail classique de Blondel pour l'érection, après bien des tergiversations, de nouveaux porches gothiques tentant de «ressusciter» le passé. Les espaces de vie évoluent aussi ; immeubles et magasins jouent sur l'éclectisme français, le néo-renaissance allemand...

Grille de porte, détail - Immeuble rue des Clercs, ancien Hôtel de l'Europe
Cimetière de l'Est

la plus grande forteresse du monde

Les Allemands font de Metz la plus grande forteresse du monde. S'ils abattent les vieilles fortifications, ils enserrent la ville dans un réseau de groupes fortifiés appelés *Festen*. Ils servent peu en 1914-1918, mais arrêtent un temps les Américains à l'automne 1944.

Ces vastes espaces sont un enjeu majeur de l'aménagement urbain actuel.

Après la victoire de la Prusse sur l'Autriche en 1866, les Français entreprennent dès 1867 la construction d'un camp retranché à Metz lequel aurait du compter huit forts. Seuls ceux du Saint-Quentin, de Plappeville, Queuleu et Saint-Julien sont commencés mais demeurent inachevés lorsque les Allemands mettent le siège devant la ville en 1870. Ces ouvrages appartiennent encore au système bastionné et se distinguent par leur gigantisme. La façade de gorge du fort de Queuleu atteint une longueur de 700 mètres et aurait du recevoir une garnison d'environ 2 000 hommes et plus de cent canons. Ces forts possèdent déjà des casernements à étage formant cavalier sur lesquels on peut installer les pièces d'artillerie.

Dans la décennie 1870-1880, les Allemands achèvent ces forts et en construisent d'autres. Au nord, à Woippy, sont édifiés les forts Hindersin et Kameke, aujourd'hui Gambetta et Déroulède. S'y ajoutent ceux de Saint-Privat (August von Württemberg), près de l'actuel aérodrome de Frescaty, des Bordes (Zastrow) et Schwerin (Decaen). La défense du mont Saint-Quentin qui domine Metz à l'ouest étant essentielle, un nouvel ouvrage, le fort Manstein (Gérardin), est réalisé. La ville est désormais défendue par une première ceinture de dix forts relativement proches du centre.

Comme en France, les forts allemands édifiés à partir de 1872 appartiennent au système polygonal. Construits en maçonnerie de pierre et de brique, ils sont entourés par un fossé défendu par des caponnières. L'artillerie est installée à l'air libre entre des traverses-abris. Seuls les forts Kameke et Manstein reçoivent des tourelles tournantes en fonte dure pour deux canons de 15 cm.

Après 1885, la crise entraînée par l'invention des explosifs brisants oblige les Allemands à renforcer leurs ouvrages par une couche de béton non armé, coulée sur une couche de sable posée sur les maçonneries et à remplacer les caponnières par des coffres de contrescarpe. L'artillerie ne pouvant plus être maintenue dans les forts, ils innovent en créant des batteries cuirassées. Les premières possèdent des tourelles tournantes expérimentales de 21 cm (Saint-Quentin) mais on leur préfère celles pour obusiers de 15 cm. A partir de 1895, cinq batteries sont construites dont deux à quatre pièces existent toujours près du fort de Plappeville.

A la fin du XIXᵉ siècle, la portée des pièces d'artillerie s'étant nettement accrue, Metz se retrouve sous la menace des canons français. Une grande révolution dans l'art de fortifier a alors lieu en Allemagne où l'on renonce au fort traditionnel, désormais considéré comme «un nid à obus», pour se lancer dans la construction de *Festen* (groupes fortifiés). Les batteries cuirassées de 10 et de 15 cm, les casernes, les abris de piquets sont dispersés sur des dizaines d'hectares mais réunis par des galeries souterraines. A la veille de la Première Guerre mondiale, Metz est entourée par une nouvelle ceinture fortifiée de 70 km., particulièrement puissante au nord-ouest, face au camp retranché de Verdun, avec les *Festen* Lothringen, aujourd'hui Lorraine, Kaiserin (Jeanne d'Arc), Kronprinz (Driant) et Graf Haeseler (Verdun) ainsi qu'au sud-est : Wagner (L'Aisne), Luitpold (Yser) et Von der Goltz (La Marne). Il faut leur ajouter des ouvrages d'infanterie entourés par un fossé

ENTRÉE DU FORT DE QUEULEU

ainsi qu'un grand nombre d'abris et de dépôts de munitions pour les batteries intermédiaires. Comme ces *Festen* se trouvent à une dizaine de kilomètres du centre ville, les Allemands purent entreprendre le démantèlement des fortifications urbaines dont il ne reste aujourd'hui que très peu d'éléments. La ville nouvelle les remplace.

Les premiers groupes fortifiés sont terminés en 1905 mais le programme envisagé n'a jamais été achevé à cause de la guerre. On le constate à l'ouvrage de Marival et à Bois-la-Dame mais surtout dans les positions d'infanterie d'Amanvillers et du Horimont.

Dans les *Festen*, les soldats vivent dans des conditions de confort inconnues en France : la cuisine se fait déjà dans des marmites autoclaves et il existe souvent

une installation de chauffage central. L'éclairage est assuré par l'électricité produite sur place grâce à des moteurs Deutz qui entraînent des dynamos. L'eau est amenée par des canalisations mais on creuse aussi des puits. Enfin, chaque ouvrage est relié par câbles enterrés au réseau téléphonique de la fortification.

La *Feste* Wagner, située à Verny au sud de Metz, reçoit pour mission de surveiller la vallée de la Seille. Les travaux de construction commencés en 1904 durent jusqu'en 1910. S'étirant en longueur, elle compte deux ouvrages d'infanterie (Avigy et Verny), deux points d'appui (Seille et Lamencé) et deux batteries cuirassées, l'une pour quatre obusiers de 15 cm, l'autre pour quatre canons de 10 cm à tube long auxquelles s'ajoutent deux canons de 15 cm sur affûts protégés. Par

Entrée du Fort du Mont Saint-Quentin
Entrée du camp au Fort de Queuleu

ailleurs, deux pièces de 7,7 cm de flanquement sont installées à Lamencé. L'ouvrage possède aussi des observatoires cuirassés d'infanterie et d'artillerie. Les différents éléments, réunis par près de 2 km de galeries souterraines, sont protégés par un réseau de fils de fer et par des grilles défensives. Un fossé défendu par des coffres entoure les ouvrages d'infanterie. La garnison dépasse les 1 200 hommes. Avec ses deux ceintures de forts, Metz est devenue la plus importante forteresse du Reich, voire du monde. Sa garnison atteint 25 000 hommes qu'il faut loger dans de bonnes conditions. Avant l'annexion, la ville possédait plusieurs casernes, certaines antérieures à 1789, qui se révèlent bien vite insuffisantes. Les militaires sont d'abord installés dans des « baraques » puis on se lance dans un programme d'amélioration de ce qui existe mais surtout dans la construction de casernes supplémentaires. Les premières datent des années 1880. C'est alors qu'est réalisée la remarquable caserne Steinmetz (Bellecroix), visible sur le boulevard de Trèves, complétée par des magasins aux vivres, une boulangerie et une usine frigorifique. De nos jours, toutes ces installations sont désaffectées. Une caserne comparable est édifiée sur le mont Saint-Quentin.

Grâce à l'espace libéré par la disparition des fortifications, de nombreuses casernes sont construites, non seulement dans la ville (Barbot, Féraudy, Cormontaigne) mais aussi dans les localités les plus proches où il existe davantage de terrains disponibles (Montigny, Longeville, Châtel-Saint-Germain) si bien qu'en 1914 on compte vingt-deux casernes. Il faut leur ajouter différents bâtiments abritant les services nécessaires à une importante garnison. En 1905, à l'emplacement de la citadelle, est inauguré le Palais du Gouverneur, édifié dans le style de la

Renaissance allemande, qui servait de résidence au général commandant le 16e Corps d'Armée.

En 1918, la signature de l'armistice empêche le projet d'attaque des forts de Metz par les alliés. Mais, de septembre à décembre 1944, les fortifications arrêtent l'offensive américaine de Patton et retardent la libération de Metz. Les Allemands qui s'y étaient retranchés furent soumis aux bombardements de l'artillerie et de l'aviation qui y causent de sérieux dégâts. Les combats les plus meurtriers ont lieu au fort Driant où les Américains subissent plusieurs échecs avant la reddition du 8 décembre.

FORT DE QUEULEU - GALERIES DU FORT DU MONT SAINT-QUENTIN
BÂTIMENTS DE L'ETAT-MAJOR

Aujourd'hui, Metz est le siège de la 6e région militaire dont le commandant porte le titre de gouverneur de Metz. Il réside dans le Palais du Gouverneur, récemment rénové, qui est visitable au cours des «Journées du patrimoine». La majorité des casernes est toujours occupée par l'armée. L'hôpital militaire Legouest est installé dans un ensemble de bâtiments qui datent de l'annexion mais d'autres casernes ont reçu une autre affectation : la caserne Roques de Longeville / Ban-Saint-Martin loge des étudiants, des logements et un foyer du troisième âge ont été aménagés dans la caserne Grandmaison alors qu'une partie de la caserne Barbot est utilisée comme groupe scolaire. De l'ancien temple de garnison construit de 1875 à 1881, il ne reste que le clocher. Quant aux forts, seuls les groupes fortifiés Lorraine et François de Guise (Leipzig) sont encore occupés. Les autres, abandonnés par l'armée, sont restés dans le domaine militaire mais il est question de mettre en valeur les impressionnantes fortifications du Saint-Quentin. Le public peut encore accéder au fort Gambetta à Woippy-Saint-Eloi et au fort de Queuleu où ont été aménagés des parcours de santé. Actuellement, seule la *Feste* Wagner, située à Verny au sud de Metz, est visitable grâce à une association de bénévoles, l'A.D.F.M., qui s'est lancée dans sa sauvegarde et sa mise en valeur.

ANCIENNE CASERNE DEVENUE BÂTIMENT UNIVERSITAIRE, QUARTIER BRIDOUX
PALAIS DU GOUVERNEUR DE LA 6E RÉGION MILITAIRE

une nouvelle ville 1902-1939

Les Allemands ne se contentent pas de raser les anciennes murailles qui étouffent la cité. Profitant des conceptions les plus modernes de l'urbanisme, ils créent une Nouvelle Ville qui s'orne d'un foisonnant décor architectural. Cet essor donné à la construction civile perdure jusqu'à la veille de la Seconde Guerre mondiale.

«Metz étouffe dans sa ceinture de pierre. Brisez l'entrave et la cité rajeunie se dilatera et s'épanouira. Elle renversera ses remparts dans les fossés, elle aplanira le sol, s'enveloppera de vastes faubourgs. Alors il y aura la ville vieille et la ville neuve». Ce présage proféré par le visionnaire Benoît Faivre, en 1868, c'est l'architecte urbaniste Conrad Wahn qui le concrétise trente ans plus tard, en réalisant une expérience urbaine inédite dans l'histoire de Metz : la création d'une nouvelle ville juxtaposée et liée à l'ancienne.

Après un bras de fer avec les militaires et de longues tractations avec l'administration centrale des chemins de fer imposant leur gare de passage, l'appui de Guillaume II permet à la municipalité d'acquérir les terrains militaires au sud et à l'est de la vieille ville. La zone acquise, et destinée à la vente en parcelles, est strictement circonscrite entre Seille et canal de Jouy, entre vieille ville et bans du Sablon et Montigny. Ainsi est endiguée toute tentative de croissance anarchique ou d'extension tentaculaire.

Quasi vierge, hormis la gare de 1878, son port et la caserne pavillonnaire de 1893, le terrain offre l'avantage d'une création *ex nihilo* sans les traumatismes des expropriations. Une planification tardive permet à la ville de bénéficier des théories et des doctrines de la science naissante de l'urbanisme et de procédures qui ont fait leurs preuves. Le courant progressiste superpose, sur un fond d'utopies du XIXe siècle, le réglementarisme de la société des ingénieurs de Berlin à l'hygiénisme sécuritaire d'un Reinhardt Baumeister ; Josef Stübben, dans *Der Städtebau*,

donne à toute l'Europe les outils d'une croissance urbaine interne contrôlée irriguée par un système de communications programmées et pose les prémices du zonage urbain. Née en Grande Bretagne, la vague de la Gardencity devenue Gartenstadt met la verdure à la mode et la villa urbaine devient l'enveloppe d'une panacée morale. Les «culturalistes», suivant le Viennois Camillo Sitte et son *Städtebau nach seine künstlerische Grundsätzen*, modélisent la ville par une méthode issue de l'observation des espaces publics existants, y introduisent l'esthétique du pittoresque et intègrent l'histoire dans leurs réflexions sur l'urbanisme. Karl Henrici (condisciple de Wahn), sur fond de nationalisme préconise la rue courbe. Ces théories proliférantes et contradictoires irriguent la pensée de Conrad Wahn lorsqu'il dessine et publie, en 1902, le plan définitif de la Neustadt de Metz qui est assorti, en 1903, d'une nouvelle réglementation urbaine drastique, amendée en 1911 par un statut esthétique strictement local.

En 1918, la Nouvelle Ville avec 188 immeubles construits est presque autonome. Elle comporte tous les équipements publics programmés en 1902 : la gare, deux postes,

deux palais et un home militaires, une école primaire et deux écoles supérieures, une sous-préfecture. En outre, les équipements semi publics ou privés nés de besoins spécifiques sont multiples : deux maisons d'œuvres confessionnelles, une chapelle de séminaire, des banques, un hôtel des corporations, un hôpital (futur Bon-Secours), un centre de loisirs avec piscine. Après le retour de Metz à la France, l'administration municipale ne modifie pas la trame existante et continue à appliquer le règlement de 1903 et le statut de 1911. En 1939, 450 immeubles neufs

ont complété ceux des années fondatrices. La Nouvelle Ville est enfin achevée. L'église Sainte-Thérèse (1938-1954-1963) lui apporte sa dimension spirituelle. Une libre déambulation dans la totalité du quartier permet de visualiser ces données abstraites, de mesurer la pertinence des solutions apportées et d'être sensible

Façades, avenue Foch

à la cohérence formelle d'un ensemble urbain exceptionnel et inaltéré. Le tracé de larges rues rayonnantes aux confortables trottoirs facilite les accès extra urbains et les voies étroites, les communications intra urbaines. Conditionnés réglementairement par les gabarits des rues, la ligne de faîte des constructions et leur alignement sans hiatus assurent une remarquable homogénéité visuelle animée par les frontons pittoresques et les saillies et ressauts prédéterminés des balcons, bow-windows et autres oriels. Rues courtes, parfois encadrées d'arcades

(rue Gambetta) et rues courbes (rue de Salis) apportent leur lot d'images changeantes assurant la diversité dans l'unité.

Dessinés par le maillage des voies, quarante-six îlots, voire immeubles-îlots, de formes irrégulières, et dont les volumes sont animés par dômes, tourelles, pavillons et éléments de hauteurs offrent un spectacle sans cesse renouvelé. Le zonage des îlots (ouverts, fermés ou mixtes) introduit dans le schéma le pittoresque des villas urbaines dans des jardinets ouverts (avenue Foch, boulevard Clemenceau

et rues avoisinantes). Le large et verdoyant Ring de ceinture, bâti de part et d'autre du fossé remblayé, assure, grâce à la zone de villas qui le bordent, une heureuse transition entre Vieille Ville et Nouvelle Ville.

Les places irrégulières, inspirées des espaces médiévaux ou baroques et magnifiant les monuments publics, créent des effets visuels inédits et surprenants (places de Gaulle, Mondon, Maud'huy, Jean-Moulin, squares Mangin, Jean-Pierre-Jean).

En contraste avec la minéralité de l'ancienne ville, la Nouvelle Ville a intégré, dès l'origine, la nature dans son projet. Squares, allées cavalières ou piétonnes, voies arborées publiques ainsi que jardinets privés y apportent la fraîcheur de leur verdure. Les nymphées des jardins publics Art nouveau de l'Esplanade concourent à la fête bucolique.

Cette ville bâtie sur les remblais et dont les bâtiments dissimulent les supports de béton armé se pare de couleurs. Les matériaux les plus divers de structure ou de parement (basalte, calcaires clairs, granit, grès de toutes les nuances, briques colorées, voire peinture, sgraffites ou céramique), toujours employés selon une parfaite rationalité, jettent leurs notes colorées sur les immeubles quelle que soit l'époque de leur construction. Enfin, le concepteur a préservé des vestiges de l'histoire de la cité : la porte Serpenoise, la tour Camoufle, la porte des Allemands.

Intégrant une multitude de modèles et de concepts progressistes et humanistes dans une esthétique volontariste, la Nouvelle Ville, véritable laboratoire d'urbanisme, exprime bien le rôle social de l'art dans sa manifestation la plus caractéristique : l'urbain.

HÔTEL DES ARTS ET MÉTIERS, PLACE RAYMOND MONDON
FONTAINE SOUS L'ESPLANADE

Cet exceptionnel champ clos favorise l'expression d'une architecture qui évolue, dans une première décennie, avec une stupéfiante rapidité. Tandis que les équipements, du ressort des instances publiques sont soumis aux diktats impériaux, académiques berlinois ou strasbourgeois, le chantier de la nouvelle ville offre une page blanche à la liberté consensuelle des maîtres d'ouvrage et des maîtres d'œuvres privés, autochtones ou immigrés venus de toute l'Europe. Cette bigarrure de nationalités produit des résultats fortement contrastés.

La construction publique reste marquée par un historicisme archéologique exigeant adapté aux contraintes fonctionnelles. La gare et les deux postes, hymnes exaltés aux Empires révolus de l'époque romane ressuscités par la volonté de Guillaume II, en sont la meilleure illustration. Le palais du gouverneur, lui, mise sur le pittoresque de la Renaissance primitive allemande, mariage du gothique

maniériste et de la Renaissance italienne tandis que l'intendance militaire (Etat-major) se donne pour une copie de Louis XIV.

Le pastiche de la Renaissance alsacienne estampille les bâtiments de la nouvelle unité politique Alsace-Lorraine : il habille l'école primaire (boulevard Paixhans), le pittoresque immeuble des corporations (place Mondon) ainsi que la maison d'œuvres protestantes (18 rue Mozart). Le baroque, redécouvert alors en Allemagne, est intégré au programme du home du soldat (6 rue Mozart) et s'assagit en baroque «doux», teinté de *Jugendstil*, sur l'école supérieure des filles tandis qu'il s'affirme «sévère» pour l'école supérieure de garçons, proche du classicisme messin qui marquera aussi la façade de la sous-préfecture.

En revanche, les architectes libéraux complices des maîtres d'ouvrage particuliers s'autorisent librement les plus ostentatoires nostalgies. Le parcours de l'avenue Foch (1903-1914), de la rue Mozart ou de l'avenue De Lattre, offre un catalogue exhaustif de tous les styles européens répertoriés à cette époque, de l'Italie à la Baltique, en passant par la Mitteleuropa, du néo-roman au Biedermeier en passant par le baroque, non sans que des résistances à cet internationalisme ne se marquent par des réminiscences Louis XV (25 av. Foch), rococo (15 rempart Saint-Thiébault) ou Louis XVI, (10, 12, 14 rue Charlemagne),

manifestations revendiquées d'une identité lorraine. Le parisianisme de l'immeuble (32 av. Foch) et de l'hôtel particulier (24 av. Foch) ne saurait échapper au promeneur ! Soucieuse d'intégration, la banque d'Empire (10-12 rue Joffre) adopte un Louis XVI de bon aloi. On ne s'étonnera pas du style baroque de la chapelle du séminaire, copie de la chapelle Sainte-Glossinde.

Moins encadrée que l'architecture publique, l'architecture privée se permet des dérapages stylistiques et des mélanges éclectiques et savoureux, amalgamant Renaissance et baroque (21 av. Foch), néovernaculaire populaire et Renaissance savante (22 av.Foch), monumentalité constructive et gracilité décorative. Cette hypermnésie stylistique fait le lit de toutes les fantaisies individuelles (monogrammes, enseignes sculptées) voire de tous les fantasmes monstrueux ou prophylactiques le long de l'avenue Foch, au 13-15 bd. Paixhans ou au 4-6 rue du XXe Corps.

La gare, place du général De Gaulle - Collège Claude Debussy, boulevard Paixhans
Décor de façade, détail

A l'exception de la villa *Jugendstil* munichois (16 av. Foch), l'Art nouveau à la mode n'est souvent qu'un art d'applique sur des immeubles de tendances gothique ou baroque. Les créatures hiératiques et les végétaux stylisés sculptés, de même que les ferronneries florales s'expriment indépendamment de la structure architecturale. Mais arts passéistes ou arts nouveaux sont la chance des arts appliqués qui donnent des preuves de leurs capacités dans tous les domaines de l'artisanat au service de l'art d'habiter.

Dès 1905 se manifeste pourtant le refus d'une architecture nostalgique trop connotée. Chefs de file de l'Ecole de Karlsruhe qui prône la simplification des volumes et un renouvellement de l'ornement, Hermann Billing & Wilhelm Vittali édifient l'hôtel Royal, le 5 avenue Foch alors que leur épigone, Robert Dirr, réintroduit dans le chaos des styles la rigueur et la sobriété (28, 38, 40, 48 av. Foch, 6, 13, 19 bd. Clemenceau), aussitôt suivi par quelques disciples.

La Sécession viennoise a ses partisans qui adoptent de fins décors épidermiques à la manière de Josef-Maria Olbrich (8 rue Gambetta, 3 square Mangin), des ferronneries et céramiques intérieures dans le goût des Wiener Werkstätte. Le grand déblaiement de l'art de bâtir est apporté par l'austro-hongrois Balassa dont le palais de cristal (3 rue Gambetta, hélas irrémédiablement dénaturé), entièrement en béton armé, était paré de cristal. Le *Werkbund*, qui se donne pour objectif la recherche de la qualité dans la standardisation, a laissé des marques dans des constructions jumelles obtenues par concours (7-9, 11-13 rue Kennedy, 2-3 bd. Clemenceau) de même que dans la petite «colonie» (11, 13, 15 rue du Génie).

Entre 1911 et 1918, le Statut local de préservation de la physionomie de la ville de Metz met provisoirement fin aux audaces. En l'absence de modèles locaux clai-

DÉCORS DE FAÇADE, RUE DE VERDUN, DÉTAIL - ANCIENS ÉTABLISSEMENTS VILLEROY, RUE CHARLES PÊTRE, DÉTAIL
TEMPLE DE QUEULEU

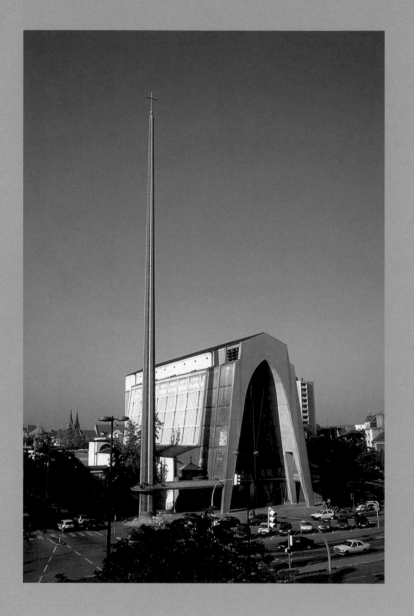

rement identifiables, l'architecture se cantonne alors dans
un néoclassicisme sans sève,
censé rappeler les belles
heures blondéliennes.

De 1903 à 1918, les modèles
architecturaux de la Nouvelle
Ville contaminent l'ancienne
ville selon le mécanisme du
remplissage-remplacement
(rue Serpenoise, rue du Palais,
place Saint-Jacques, rue Haute-
Seille). A Plantières-Queuleu,
Devant-les-Ponts et au Sablon
(rattachés à Metz en 1908 et
1914), le processus de mitage
permet encore aujourd'hui de
mesurer, par contraste, l'effica-
cité des solutions urbaines de
la Neustadt. Enfin, sortant du
cadre bourgeois de la Nouvelle
Ville, une dynamique sociale
originale fait naître un habitat social collectif exceptionnel rue Saint-Pierre, rue
Gardeur-Lebrun et rue de Queuleu.

En 1919, après le renversement ou la décapitation symbolique des statues des
vaincus et malgré l'exode d'un grand nombre d'acteurs de la construction, la
municipalité poursuit globalement les projets urbains antérieurs. Tandis que l'on
achève les deux églises néo-médiévales du Sablon et de Queuleu, un essor consi-

EGLISE SAINTE-THÉRÈSE

dérable des constructions privées est le résultat d'une politique de vente de terrains à prix réduit. Comme auparavant, les permis de construire sont contrôlés par une commission artistique grâce à laquelle on échappe à un désastreux projet de Sainte-Thérèse, heureusement remplacé par celui d'Henri Expert.

La réaction au traumatisme de l'annexion se manifeste par un retour à une architecture du sens, passéiste, revancharde ou nationaliste se démarquant par la symbolique du style ou du décor du supposé germanisme de l'époque précédente. Les «désannexés» ont recours au classicisme des colonnes, pilastres, frontons triangulaires, balcons à balustres et continuent les déclinaisons Louis XV et Louis XVI à l'ornementation académique. Les «monumentalistes» n'échappent pas à un éclectisme parisien ostentatoire (1 rue Joffre, 6 place du roi Georges, 6 rue Ausone, 5 rue Gambetta, 6 rue Pasteur), tandis que les régionalistes optent pour une architecture de villégiature, pseudo vernaculaire (quartier Sainte-Thérèse). Un Art nouveau nancéien tardif aux volumes assouplis surlignés de motifs floraux naturalistes ou stylisés continue à faire florès (12, 14, avenue de Nancy) préfigurant l'Art déco de la rose stylisée, motif privilégié des années 30.

Les manifestations nationalistes enfin dépassées, l'architecture dont la voie a été ouverte par le *Bauhaus*, *de Stijl*, Mallet-Stevens, Roux-Spitz privilégiera enfin lignes pures et volumes simplifiés dans la Nouvelle Ville et dans les quartiers rattachés. (9 rue Pasteur, 8 rue Henri-Maret, 7 rue Daubrée, rue Charles-Woirhaye)... Au contraire de l'époque de l'annexion, l'architecture publique de l'entre-deux-guerres s'inscrira elle aussi dans le mouvement moderne ; l'école Sainte-Thérèse, l'extension du lycée Georges de la Tour et l'église Sainte-Thérèse en portent témoignage. De nos jours, la Nouvelle Ville offre le spectacle inchangé mais vivant de l'unité urbaine dans la diversité architecturale cosmopolite... Une image de l'Europe !

impériale
et universelle :
la gare

Peu de monuments

marquent autant les imaginations

que la gare de Metz. Terminée en

1908, sa monumentalité et sa

fonctionnalité frappent les esprits.

La richesse de son ornementation arrête l'œil.

Elle est au cœur de la Nouvelle Ville pensée par

les Allemands et au centre des nouveaux projets

urbains du XXI⁰ siècle.

Née des volontés conjointes de l'armée du Reich, de l'administration berlinoise des chemins de fer et de Guillaume II, la nouvelle gare de passage, destinée à remplacer la gare de terminus de 1878, s'impose en 1901 dans le schéma de la Nouvelle Ville en devenir. Elle est classée Monument Historique en 1975. Et à juste titre. La monumentale centenaire (inaugurée en 1908) témoigne en effet de l'histoire politique, économique, technique, urbanistique, architecturale et artistique d'une époque bouleversée mais féconde en nouveautés.

Conçue dans le contexte européen du plan Schlieffen, elle apparaît comme un modèle de gare stratégique efficace, propre à assurer le transport éclair des 20 000 militaires du 16e corps d'armée, créé en 1890, de l'ouest vers le «deuxième front» de l'est : facilité d'accès par de larges tunnels sous des voies surélevées, excluant tout passage à niveau, multiplication du nombre des voies et des quais hauts et bas pour hommes et matériels respectivement, construction d'un château d'eau.

Les concepteurs y prodiguent les derniers acquis techniques : 3 000 pilotis de béton armé, nécessités par la nature meuble du terrain, soutiennent l'ensemble du titanesque complexe ferroviaire. Les matériaux y sont employés rationnellement : sur un soubassement de basalte, le grès jaunâtre de Niderviller supplante, pour des raisons technico-scientifiques, le mythique calcaire ocre messin. Une vaste halle de fer et de verre (merveille de l'architecture industrielle hélas ! disparue) recouvre les quais ; mais marquises et auvents, chauffage central, ventilation, éclairage zénithal en verre plastique, assurent, encore aujourd'hui, le confort du voyageur de même que de modernes services de restauration et d'hygiène, signalés par des reliefs sculptés suggestifs. Rationalité, fonctionnalité et modernisme propulsent ainsi la gare au XXIe siècle, celui de l'accueil du TGV.

Charlemagne, VITRAIL, DÉTAIL - DÉCORS BAS-RELIEF, DÉTAIL
CHÂTEAU D'EAU

Planifiée en même temps que la Nouvelle Ville, dont elle est le point focal, la gare s'inscrit dans une véritable scénographie urbaine. Sa tour d'horloge représente l'exact point de convergence des nouvelles rues tandis que la vacuité de son «parvis» permet d'appréhender les 300 mètres de sa façade. La dissymétrie des volumes, la scansion des masses fortes et faibles, les saillies et les retraits, les ruptures de hauteur et les liaisons organiques, corrigés par l'équilibre pondéré des masses et animés par les modulations de la lumière font naître l'émotion plastique.

En 1901, pourtant, l'audace d'une architecture abstraite et scientifique est encore inconcevable. La forme de l'édifice doit faire sens et s'habiller de discours. C'est Guillaume II qui lui ajoute son sens en la revêtant d'un habit impérial. Il décide de son implantation, ordonne l'ouverture d'un concours national d'architecture,

oriente les articles du cahier des charges par l'inclusion d'un pavillon de réception à son usage exclusif, impose la transformation du projet lauréat Jugendstil «Licht und Luft» (des berlinois Jürgen Kröger et Jürgensen & Bachmann) en un projet de style roman rhénan, également requis pour les deux postes. Souvenir des cathédrales, nécropoles et châteaux impériaux du premier empire germanique, assise historique et source de légitimité du Second Reich, quintessence de la germanité et de la fonction impériale, le style de prédilection de l'empereur doit se répandre dans toute l'Allemagne et devenir la marque générique de l'architecture wilhelminienne.

Sans modifier fondamentalement son projet, Kröger redessine sa gare et la dote d'une ornementation romane proliférante ; arcs en plein cintre, chapiteaux cubiques,

bossages rustiques, claustras, rinceaux, bestiaire plus ou moins monstrueux, couvertures rhomboïdales caractéristiques la font église et forteresse. Il y proclame par des sculptures redondantes et emphatiques l'hégémonie passée et présente de l'Empire allemand. Le pavillon impérial, gardé par des lions de calcaire ou de basalte, paré intérieurement d'ors byzantins et de réminiscences archéologiques, résume sa politique. Les culots d'encorbellement narrent deux épisodes majeurs de la libération des peuples germains : la victoire du Teutoburger Wald et celle des Germains sur les Huns tandis que le tympan surmontant la baie centrale est une allégorie du Travail pacifique et de la Paix armée dans l'Empire. Dans le salon de réception, le vitrail représentant Charlemagne *imperator mundi* souligne la relation entre Metz, berceau et nécropole des carolingiens, et Aix, la résidence du prétendu ancêtre, ainsi que la tentation d'identification de Guillaume II à son prédécesseur.

Le voyageur attentif peut encore discerner, entre les deux claustras de la façade principale les plumes de la queue de l'aigle impérial bûchée et se dire que la statue du Roland protecteur au pied de la tour en est à sa quatrième tête et à son troisième écu, changements de nationalités obligent…

DÉCORS BAS-RELIEF, DÉTAILS
ESCALIERS DES SALONS IMPÉRIAUX

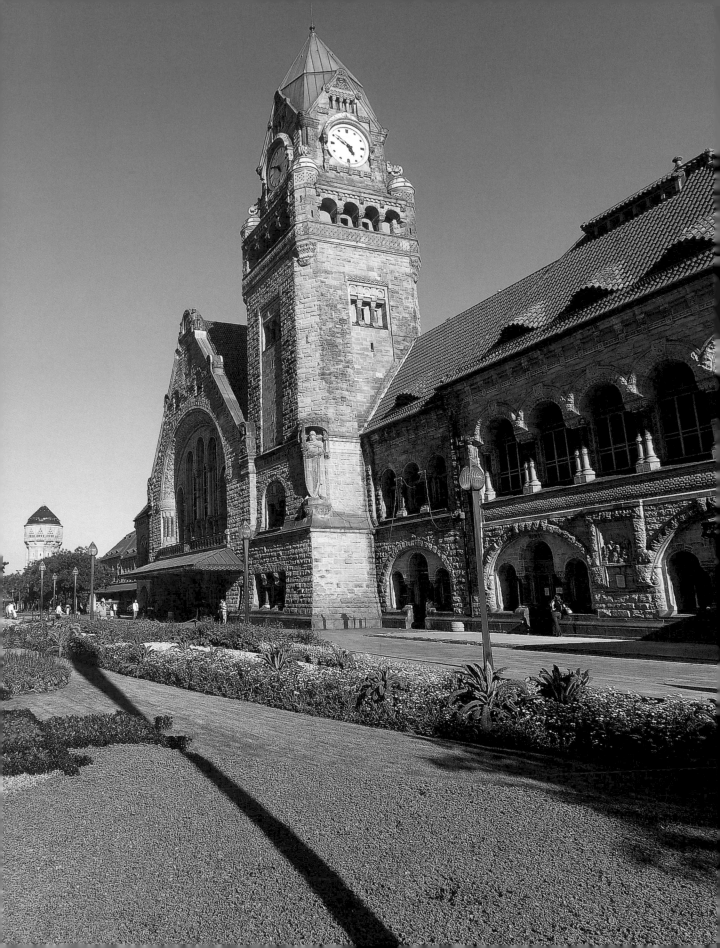

Gare potsdamienne ? Certes, mais aussi gare provinciale de l'entité politique d'Alsace-Lorraine : les deux bustes féminins à la base des rampants du pignon en font foi de même que les deux statues assises au sommet, allégories des richesses industrielles de la Lorraine annexée.

Gare populaire enfin, celle des voyageurs et des employés ferroviaires, la gare grouille de créatures de pierre, portraits des bâtisseurs ou de voyageurs, silhouettes de personnages ou d'animaux plus ou moins emblématiques, de reliefs divers pleins de verve ou de sentimentalité. Elle raconte librement, loin de la pompeuse commande officielle, dans ses replis, ses détours et ses dédales, ses rinceaux et le moindre de ses chapiteaux, l'histoire du voyage. En cela, bien qu'inscrite dans son temps, elle réalise l'ambition universelle de l'œuvre d'art totale.

GARE ET CHÂTEAU D'EAU
BAS-RELIEF, DÉTAIL

la renaissance d'une grande ville européenne

Après la Seconde Guerre mondiale, Metz connaît une triple révolution. La vocation militaire s'estompe alors que s'affirment les fonctions industrielles et les services. La ville devient aussi un carrefour essentiel des communications européennes. Enfin, le tissu urbain est profondément changé, naissance de nouveaux quartiers ou réhabilitation des plus anciens.

La fin du XIXᵉ siècle, dans son ensemble, n'est guère favorable à l'essor de Metz. La ville y perd en effet plusieurs batailles stratégiques. Celle du rail sous la Monarchie de Juillet au profit de Nancy, pour la liaison Paris-Lorraine-Strasbourg ; la bataille des voies navigables, à la même époque, au profit de Nancy ; enfin celle de l'Université, sous le Second Empire, où sa rivale nancéienne obtenait la création de plusieurs facultés, avant de bénéficier pendant l'Annexion du rapatriement des facultés de Médecine et de Pharmacie, fleurons universitaires de

Strasbourg. Cette succession d'échecs précède de quelques années le traité de Francfort qui offre comme tribut à l'Allemagne, Metz et une Moselle redessinée. Cette partition conditionne doublement l'avenir : à la fois sur la durée par un affaiblissement notoire de son rayonnement puis par le legs d'un urbanisme moderne initié par Guillaume II. Avec l'Annexion, Nancy devient la capitale de l'Est de la France et connaît un essor démographique, économique et culturel remarquable. Metz dans le même temps perd ses élites et se retrouve vassalisée par Strasbourg dans l'organisation politico-administrative du Reichsland Elsass-Lothringen.

Au surplus, la période de l'Entre-deux guerres n'est guère propice à tout renouveau messin : la fonction de bastion de la défense nationale continue, en effet, à peser sur ses perspectives de développement ; ainsi en 1936, la ville en approchant les 80 000 habitants dépasse à peine sa population de 1910.

IMMEUBLES LOCATIFS, CHEMIN SOUS LES VIGNES
RUE MARGUERITE PUHL-DEMANGE

Pour Metz, le XXe siècle ne débute qu'avec la période bénie des Trente Glorieuses où elle retrouve progressivement son rang en Lorraine et dans l'ensemble national. Cette renaissance s'explique par plusieurs facteurs convergents qui contribuent de manière déterminante à son ressaut démographique, économique, social et culturel. D'abord, le développement industriel puissant que connaît la Lorraine du nord : même si Metz n'est pas au cœur du bassin sidérurgique, elle bénéficie de la croissance et des richesses de ce hinterland. Ensuite, la construction européenne, illustrée par une relation franco-allemande porteuse d'échanges et de partenariats, place Metz au cœur de la Grande Région transfrontalière dont le Luxembourg est devenu le premier acteur économique et financier. Enfin, la domination de la vie politique messine par deux maires, Raymond Mondon, de 1947 à 1970, et Jean-Marie Rausch depuis, qui, avec leur personnalité et leur sensibilité, contribuent chacun au développement et au rayonnement de leur ville. Raymond Mondon joue un rôle essentiel dans l'affirmation puis la confirmation de Metz comme capitale administrative de la Lorraine. Jean-Marie Rausch a, de son côté, su redonner à Metz sa parure et son rayonnement.

Ce retour de la cité austrasienne au premier rang s'est construit par étapes successives : en 1946, avec le rétablissement du gouverneur commandant la Région militaire ; en 1948 et 1955 avec le rôle de coordination interrégionale et régionale donné au Préfet de la Moselle ; en 1964 avec la création de la fonction de Préfet

de la Lorraine qui lui est officiellement conférée et l'installation à Metz de la première Assemblée régionale, la Coder (Commission de développement économique régional). En 1969, à la faveur du référendum voulu par le Général de Gaulle concernant les régions, Metz est clairement identifiée comme le chef-lieu des pouvoirs publics régionaux. A partir de 1974, le Conseil Régional de Lorraine et le Conseil Economique et social siègent à la Préfecture de la Moselle avant de s'établir définitivement, en 1989, dans l'ancien collège jésuite de Saint-Clément. Après de nombreuses démarches et campagnes publiques soutenues par Victor Demange, le fondateur du *Républicain Lorrain*, Metz obtient, en 1968, la création de son université qui dépasse aujourd'hui les 16 000 étudiants. Auxquels, il faut ajouter les élèves des grandes écoles implantées dans la foulée, telles que l'ENIM, l'IRA, SUPELEC, GEORGIA TECH ou l'ENSAM. Ce renouveau messin en Lorraine s'accompagne par ailleurs d'une émancipation universitaire et judiciaire de la ville à l'égard de Strasbourg grâce à la création de l'Académie Nancy-Metz en 1972 et au rétablissement de la Cour d'Appel de Metz l'année suivante.

Parallèlement à la consolidation de ces nouvelles fonctions, Metz se trouve définitivement confortée dans une position stratégique majeure par le choix du tracé de l'autoroute Paris-Strasbourg, qui, ajouté au développement de l'axe autoroutier lotharingien Belgique-Luxembourg-Bourgogne, sanctuarise son rôle

clé au cœur du Grand Est de la France. Le XXᵉ siècle reconstitue ainsi, à quelques kilomètres du centre ville, à la croix de Hauconcourt, le fameux carrefour de l'Empire romain. Ce repositionnement géographique offre à Metz toutes les opportunités d'un nouvel essor économique solide et durable à une époque où la mobilité des hommes et des marchandises conditionne la croissance et la création d'activités. Les effets additionnés de ce nouveau contexte contribuent à un rééquilibrage géopolitique avec Nancy. Depuis le début des années 1970, la relation entre les deux grandes villes de Lorraine se traduit de part et d'autre par une forme de vigilance ferme mais courtoise, enjolivée cependant par une volonté officielle de coopération négociée.

Metz bénéficie de deux opportunités urbaines essentielles : à la fois grâce à l'accroissement du territoire municipal lié à l'absorption de communes riveraines et grâce à la démilitarisation de certains espaces de centre ville. Déjà en 1908, avec Plantières-Queuleu et Devant-les-Ponts, puis en 1914 avec le Sablon, la ville s'est notoirement agrandie. Au

début des années 1960, Borny, Vallières et Magny intègrent à leur tour Metz, dont la surface double pour atteindre les 4 200 ha. Un summum quand on sait que la ville de Nancy ne compte que 1 450 ha. C'est à la fois une chance et une facilité offertes pour mettre en œuvre un urbanisme digne du XXᵉ siècle. D'autant que,

SILOS DU PORT DE METZ
RUE HAUTE-SEILLE - CITÉ ADMINISTRATIVE

dans la même période, ce mouvement de desserrement de l'étreinte de sa périphérie, s'accompagne d'une démilitarisation de certains ensembles bâtis ouvrant
des perspectives intéressantes de réaménagement urbain ou de réaffection op-
portune à d'autres usages publics. On peut citer à cet égard le nouveau quartier
de Fort-Moselle se substituant aux casernes Fabert et Vauban, la caserne Barbot
devenue un collège, la caserne Riberpray qui abrite les services régionaux de
police et de sécurité ou encore l'Ile du Saulcy qui a permis d'implanter en centre
ville une partie de l'université messine.

Mais ces aménagements étaient insuffisants pour répondre à la demande massive de logements issue du boom démographique de l'après seconde guerre
mondiale. Pour y faire face, une double démarche a été engagée, à la fois dans les
quartiers périphériques et au centre de la cité. C'est ainsi qu'à la Patrotte, à
Devant-les-Ponts, à Bellecroix et à Borny sont nés de grands ensembles, alternant
selon le credo architectural de l'époque, des tours et des barres. La Zup de
Borny du fait de sa dimen-
sion, 5 000 logements,
est l'exemple type d'un
quartier neuf, construit à
la hâte, où la densité de
l'habitat ne devait pas
manquer de créer à terme,
de graves problèmes de
cohabitation.

Au centre ville, des des-
tructions massives por-
tent atteinte à la richesse
patrimoniale et architec-
turale de la ville. Ainsi en

QUARTIER HAUTS DE BLÉMONT
PONT SAINT-GEORGES ET ENTRÉE DU QUARTIER PONTIFROY

est-il du quartier Saint-Ferroy au pied de la colline Sainte-Croix, rénové dans les années 1950 ; du quartier Coislin, l'ancien Champ-à-Seille, dans la proximité immédiate de la place Saint-Louis, ou encore de la construction d'une cité administrative. A la fin des années 1960, d'autres opérations de rénovation urbaine étaient en voie d'être lancées, en particulier le quartier du Pontiffroy, les îlots des Roches et des Piques ou encore le quartier Saint-Jacques. Avec l'arrivée d'une nouvelle équipe municipale en 1971 et à l'instigation de Jean-Marie Pelt, l'urbanisme messin connaît un tournant majeur. La nouvelle politique de la municipalité se tourne résolument vers la réhabilitation en abandonnant sur le champ toutes les opérations de rénovation urbaine qui menaçaient de défigurer sévèrement la ville. Cette reconquête urbaine s'est accompagnée d'une action continue d'ouverture de l'espace urbain aux piétons, d'une politique soutenue de fleurissement des lieux publics et d'une valorisation systématique du bâti et en particulier des joyaux monumentaux qui datent les grandes périodes du passé messin depuis l'époque gallo-romaine. Les maîtres mots de cette nouvelle donne urbanistique sont protéger, sauvegarder, requalifier, revivifier, diversifier, mixer, aérer, embellir. Dans cet esprit, la priorité avait été de revisiter tous les projets de rénovation urbaine décidés antérieurement. Ce qui fut le cas pour le centre Saint-Jacques où la ceinture d'immeubles anciens a pu être préservée sur le pourtour du forum; pour l'îlot des Roches situé en contrebas de la cathédrale et dans la perspective du Temple Neuf et de la place de la Comédie,

dont le bâti a été habilement reconstitué en respectant les proportions d'origine ; pour le Pontiffroy, le parti pris d'aménagement a été de privilégier l'équilibre et la mixité des constructions nouvelles en agrémentant le quartier d'un chemine-

ment piétonnier au départ du pont Saint-Georges ; et sur lequel se sont greffés la médiathèque municipale et l'hôtel de Région au collège Saint-Clément. Par étapes successives les autres quartiers de Metz bénéficient d'une cure de jouvence, tels ceux des Tanneurs, d'Outre-Seille, des Piques, de Sainte-Croix ou de Saint-Vincent. Cette reconquête du centre ville historique profite dans le même temps de la création d'un plateau piétonnier particulièrement vaste, 52 000 m², qui facilite grandement la réappropriation du cœur de ville par les Messins. De même, toutes les places emblématiques de la ville, Comédie, Sainte-Croix, Saint-Jacques, Préfecture, Saint-Thiébaut et Gare, sont restructurées. Dans le souci de lutter contre l'envahissement automobile, un réseau de parking bien distribué facilite l'accessibilité du centre tout en contribuant à son animation commerciale.

PLACE VALLADIER, PONTIFFROY - PLACE DU FORUM, CENTRE SAINT-JACQUES
RUE DES TANNEURS - RUE DES TRINITAIRES

Plus de 10% de l'espace urbain est consacré à des espaces verts décorés de remarquables réalisations florales. La mise en valeur de son patrimoine architectural marque le point d'orgue de la politique de renaissance du vieux Metz. Les réhabilitations successives du cloître des Récollets, de l'abbaye Saint-Clément, de Saint-Pierre aux Nonnains, de l'Arsenal, de la grange des Antonistes ou du Magasin aux Vivres, permettent de faire revivre ces hauts lieux.

A l'époque où la crise de la sidérurgie menace l'économie régionale, la ville veut conjurer le sort et préparer l'avenir en créant de toute pièce le Technopôle de Metz 2000, véritable aventure urbaine, technique et humaine. Plus de 180 ha de zone rurale sont aménagés, au service des entreprises et institutions, bien reliés aux grands réseaux de communication et ouverts sur la ville. Ce pari lancé au début des années 1980 est aujourd'hui gagné.

Metz est par tradition une ville tertiaire, administrative, commerciale et militaire. Cette présence forte de l'Armée a toujours fait partie du paysage local. Mais derrière les murs de ses casernes et de leurs terrains de manoeuvre, la ville a aujourd'hui la fierté d'héberger deux commandements de la plus haute importance militaire, celui de la région de Terre Nord-Est qui est sous l'autorité du gouverneur et celui des forces aériennes dont l'état-major est installé sur la fameuse BA 128 de Frescaty.

A l'approche de la fin du XXe siècle, la ville offre un visage serein, celui d'une cité ayant retrouvé ses racines, confiante en son avenir et dont les habitants et les nouveaux arrivants apprécient volontiers la qualité de vie et le niveau des équipements publics offerts.

Université, île du Saulcy
Metz Borny et Technopôle Metz 2000

une voie royale

Héritière du *cardo maximus* romain, la rue Serpenoise est un parfait résumé de l'histoire de la cité. Elle est également l'artère vitale de la vie messine avec ses commerces et ses services, un lieu d'échanges tout autant que de promenades.

C'est l'artère centrale historique de Metz qui chevauche le *cardo maximus*, la voie stratégique de l'Empire Romain qui reliait Lyon à Trèves. Cette voie royale se compose de la porte Serpenoise, de la place de la République et de la rue Serpenoise.

A l'emplacement de l'ancienne porte de Scarponne détruite en 1561 au moment de la construction de la citadelle, la porte Serpenoise a été reconstruite en 1852. L'arrivée du chemin de fer au XIXe siècle conduit la municipalité à réaliser une liaison directe via la porte Serpenoise entre le centre historique et la gare centrale située à l'époque place du Roi Georges. En 1903, à la faveur de la destruction de la vieille enceinte fortifiée, la Porte Serpenoise a été à nouveau l'objet de transformations. On n'en a conservé qu'un tronçon de la voûte, agrémenté de quatre échauguettes provenant des anciennes fortifications.

Au-delà de ces métamorphoses, elle a été le témoin de quatre événements symboliques de l'histoire de Metz : en 1473, grâce à la présence d'esprit du boulanger Harelle qui a fait abaisser la herse de la porte, les soldats de Nicolas Ier, duc de Lorraine, sont rejetés hors des murs de la cité ; à l'hiver 1552, François de Guise y repousse victorieusement les assauts des troupes de l'empereur Charles Quint ; en 1871, les troupes allemandes prennent possession de «Metz la Pucelle» en franchissant fièrement ce portail ; en novembre 1918, l'armée française emprunte le même itinéraire pour bien signifier le retour de Metz à la République. Aujourd'hui, ce porche décoratif offre toutes les apparences d'un arc de triomphe chenu, immuable gardien de la mémoire messine.

La porte Serpenoise commande l'avenue Robert Schuman, anciennement avenue Serpenoise, qui longe la place de la République. A sa création, au début du XIXe siècle, elle s'appelait place Royale. Cet espace de belles proportions, 12 000 m² avec l'Esplanade, a servi de décor grandiose à quelques moments importants : l'exposition universelle de 1861 ; la noria de wagons destinée à héberger les blessés lors du blocus de 1870 ; le grand défilé de la Victoire et du retour de la Moselle à la Mère Patrie, le 8 décembre 1918. Ce lieu de mémoire messin va bientôt retrouver son lustre d'antan grâce à la disparition du parking de surface.

La rue Serpenoise qui prend sa source à l'angle de la place se veut un trait d'union entre la nouvelle ville et son centre historique. Elle a été créée par décision du Conseil Municipal en 1852 qui définissait un tracé intégrant l'ancienne rue éponyme et les rues de la Vieille boucherie et du Porte-Enseigne. Sa largeur était ainsi portée à onze mètres. Avec le temps, elle est devenue la vitrine de Metz «la commerçante». Intégrée à l'espace piétonnier du centre ville en 1979, elle s'est enrichie en 1989 d'un emblème prestigieux, la fameuse copie de la colonne de Merten, datant du IIIe siècle et dont l'original est au Musée de la Cour d'Or. Faire une «rue Serp» est toujours aujourd'hui un must pour les Messins et leurs hôtes.

promenades
vertes

Rarement cité n'a mieux mérité

que Metz le titre de «ville verte».

Avec 470 ha., les espaces verts

sont présents partout :

romantisme du Botanique ;

sagesse des plates bandes de la République ;

miroitement des jardins d'eau ; modernité

de la promenade de la Seille ;

luxuriance des Tanneurs...

L'arbre et l'eau se marient pour dessiner

un paysage où il fait bon flâner.

L'architecture est un élément essentiel de la beauté de la ville de Metz, mais ce qui complète sa parure, ce sont ses jardins, ses rivières, son plan d'eau. Deux rivières parcourent la ville : la Moselle et la Seille, la Moselle, divisée en plusieurs bras, crée des îles où l'eau contribue à magnifier l'architecture. La place de la Comédie avec le théâtre, ouverte sur la Moselle, le Temple Neuf à la pointe de l'île du Petit Saulcy et la cathédrale vue depuis le plan d'eau en sont quelques exemples significatifs. Depuis plusieurs dizaines d'années, la municipalité a multiplié les efforts pour aménager les jardins et en créer de nouveaux. La ville compte aujourd'hui 470 ha d'espaces verts, ce qui la place parmi les premières villes vertes de France. En 1994 le grand prix européen du fleurissement est venu récompenser ce travail.

Un des plus anciens jardins de Metz est le jardin botanique, situé au sud de Metz. Son origine remonte à 1719 quand Claude Philippe d'Auburtin de Bionville, Maître-

LA CATHÉDRALE SAINT-ETIENNE, VUE DU PLAN D'EAU
SERRE DU JARDIN BOTANIQUE

A proximité se trouve le fort de Queuleu, construit entre 1868 et 1870. Son site boisé, vallonné, de 47 ha, propose un parcours de santé de 2,7 km. Ce fort qui servit de camp d'internement SS pendant la deuxième guerre mondiale renferme le mémorial départemental de la résistance et de la déportation.

Le parc de la Seille, au sud de Metz, est une des premières réalisations du nouveau quartier de l'amphithéâtre où va bientôt s'implanter le Centre Pompidou. Ce parc de 20 ha, conçu par les paysagistes Jacques Coulon et Laure Planchais, a été aménagé entre 2000 et 2002. On y trouve des jardins, des prairies, une collection de plantes de terrains humides, une houblonnière, des vignes, une île inaccessible réservée à la flore sauvage et aux oiseaux, des espaces de jeux.

En revenant vers le centre ville, vous accédez au jardin des Tanneurs situé sur le flanc sud-est de la colline Sainte-Croix, berceau de la ville de Metz. Il a été aménagé en 1979-1984 à l'emplacement de maisons qui bordaient un bras de la Seille comblé en 1906. Ce jardin en terrasses jouit d'une exposition qui lui permet d'accueillir une végétation méridionale : cyprès, eucalyptus, palmiers rustiques, chênes verts, kiwis, bambous... Les nombreux sentiers, belvédères, terrasses permettent d'admirer les toits et clochers de l'ancien quartier Outre-Seille et plus loin Queuleu et Bellecroix.

Tous les ans, grâce au service des Espaces Verts, naît un jardin éphémère : un «tapis floral» de 2 000 à 2 500 m², devant un grand monument de Metz comme le théâtre, l'hôtel de ville ou la gare. Celui de 2006, réalisé devant la gare, a célébré

l'arrivée du TGV à Metz, mosaïque composé de gazon agrémenté de 79200 plantes appartenant à 36 espèces différentes.

Les jardins de Metz sont très diversifiés et capables de satisfaire tous les goûts : jardin botanique, jardin à la française, à l'anglaise, exotique, bois, promenade le long de rivières, découverte architecturale et historique, parcours de santé, aires de jeux, golf... Un certain nombre sont aménagés sur d'anciens terrains militaires et ont permis de convertir une contrainte martiale en source de plaisir et de beauté.

JARDIN DES TANNEURS, QUARTIER OUTRE-SEILLE - MÉMORIAL DÉPARTEMENTAL DE LA RÉSISTANCE ET DE LA DÉPORTATION
LES ARÈNES, PARC DE LA SEILLE

les fonctions stratégiques, les services à haute valeur ajoutée, les
emplois supérieurs, les centres de
décision à vocation interrégionale
qui font une métropole. Dans
beaucoup de domaines, tel l'en-
seignement supérieur, la culture,
le sport de haut niveau ou les sièges
d'organismes publics, des coopérations de fond puis des rapprochements insti-
tutionnels et organiques seront nécessaires pour assurer à l'ensemble le poids
économique, intellectuel et culturel garantissant un réel pouvoir de diffusion et
d'attraction.

Le problème majeur aujourd'hui reste l'absence de réelle continuité territoriale
entre les deux villes. Pour ne former qu'une seule agglomération et donner à tous
ses habitants un réel sentiment d'appartenance métropolitaine, il sera sans
doute indispensable d'imaginer la création d'un lien fixe de transport nouveau
permettant d'assurer une liaison rapide, inférieure à la demi-heure, entre les
deux centres ville et les grands équipements stratégiques, de l'espace central
métropolitain qui offre à terme de réelles perspectives de développement économique, co-partagé, gare TGV d'interconnexion et aéroport régional.

Cette projection futuriste ne constitue certes pas une menace pour l'âme des
villes. Au contraire, elle s'appuie sur l'addition de leurs talents, de leurs savoir-
faire, de leur histoire, de leur esprit pour constituer une grande région urbaine
unie, solidaire et dynamique.

TECHNOPÔLE METZ 2000
LE CENTRE POMPIDOU-METZ EN CHANTIER

1592	▶	confirmation de privilèges pour les réformés messins
1603	▶	visite du roi Henri IV
1614	▶	création d'un quartier dans lequel les juifs sont assignés à résidence
1633	▶	création d'un Parlement
1631-1661	▶	Metz dans la Guerre de Trente Ans lorraine
1648	▶	paix de Westphalie qui reconnaît internationalement l'annexion de Metz par la France
1665	▶	début du chantier de l'église Notre-Dame
1678 et 1698	▶	projets de Vauban pour la fortification de Metz
1685-1688	▶	exil des Huguenots après la révocation de l'Edit de Nantes
à partir de 1727	▶	Belle-Isle commandant-en-chef de la généralité puis gouverneur
1733	▶	ouverture du chantier du théâtre
1737	▶	ouverture du chantier de l'église Saint-Simon et Saint-Jude
1738	▶	ouverture du chantier de l'Hôtel de l'Intendance, actuelle préfecture
1766	▶	début des travaux de l'Hôtel de Ville
1771-1775	▶	suppression temporaire du Parlement de Metz
1777	▶	début des travaux de l'actuel Palais de Justice
1790	▶	Metz devient chef-lieu du département de Moselle
1802	▶	essor de l'école d'Artillerie
1814	▶	siège de la ville par une armée russe
1815	▶	la ville compte 41 000 habitants
1834	▶	ouverture du cimetière de l'Est
1848	▶	début du chantier de la synagogue
1852	▶	arrivée du premier train à Metz
1852	▶	ouverture de la rue Serpenoise
1854	▶	Félix Maréchal maire de Metz
1861	▶	exposition universelle à Metz
1870 (août-oct.)	▶	siège de Metz

1871	►	le traité de Francfort reconnaît l'annexion de Metz par le Reich
v. 1880	►	début du renforcement de la place forte
1902	►	création de la Nouvelle Ville
1907	►	rattachement de Devant-les-Ponts, Plantières, Queuleu, puis le Sablon (1914)
1908	►	nouvelle gare
1918 (18 nov.)	►	entrée des troupes françaises à Metz
1919	►	Victor Demange fonde le *Metzger freies Zeitung*, futur *Républicain Lorrain*
1936	►	début de l'église Sainte-Thérèse
1940 (juin)	►	la ville est occupée sans combat par les Allemands
1940 (15 août)	►	grande manifestation patriotique place Saint-Jacques
1943	►	les Nazis instituent le Camp de Queuleu
1944 (nov.)	►	libération de la ville
1947	►	Raymond Mondon maire de Metz
1961	►	rattachement de Borny, Magny et Vallières
1970	►	mort de Raymond Mondon ; Jean-Marie Rausch maire de Metz
1970	►	création de l'université
1971	►	ouverture de l'autoroute Metz-Paris
1974	►	Metz est classée ville d'art et d'histoire
1975	►	installation de l'assemblée régionale
1985	►	création du technopole Metz-Queuleu
1989	►	ouverture de l'Arsenal, salle de concert sur des plans de Ricardo Bofill
2007 (juin)	►	arrivée du T.G.V.

les auteurs

par ordre alphabétique

ALEXANDRE BURTARD

JEANNE-MARIE DEMAROLLE

BERNARD DESMARD

STEPHANE GABER

MARIE-ANTOINETTE KUHN

JEAN-PAUL LACROIX

JEAN-BERNARD LANG

CHRISTIANE PIGNON-FELLER

PATRICK THULL

PIERRE-EDOUARD WAGNER

les
photographes
par ordre alphabétique

Olivier H. Dancy

4.6.7.14[2].25[2].27.28.29.32.33.34.35.36.37.38.39[2].42[2].43.44.45.46.47.50[2].52.53[2].54.55[2].58.59[1].60[2].61.62.63.64.65.69[2].70.71.74.75.76[2].77.79.80.82.88.89.94.95.97.100.101.102.103.104.105.106.107.110.111.112.113.114[2].115.118.119.120.121.122.123.126.129.130.131.132[2].133.136.139.140.141.142.143[1].147.148.149.150.151.152.154[2].155.160[1].161.163.164.168.169.170.171.172.173.174.175.180.183.186.187.188.189[2].190.192[2].193.196.197.198.199.200.201.

Christian Legay

14[1].16.17[1].18.19.20.68.78.128.156.176.181.182.

Philippe Martin

10[1].11.12.13.17[2].25[1].42[1].50[1].51.53[1].55[1].59[1].60[1].69[1].76[1].81.83.99.114[1].127.132[1].138.142[2].146.153.154[1].160[23].162.165.189[1].191.192[1].

Claudius Thiriet

177.

+

Bibliothèque Nationale de France
24.

Musées de Metz / Jean Munin
10[2].15.21.26.35.39[1].

Républicain Lorrain / archives
87.92.

DESIGN GRAPHIQUE D. COLSON
ACHEVÉ D'IMPRIMER SUR LES PRESSES DE L'IMPRIMERIE FORT-MOSELLE À METZ
NOVEMBRE 2007

© 2007 - Editions Serpenoise
DÉPÔT LÉGAL N° 07100137 - 4e TRIMESTRE 2007
ISBN 978-2-87692-725-4

ÉDITIONS SERPENOISE
BP 70090
57004 METZ CEDEX 1